Norman G. Dyhrenfurth
Wozu ein Himmel sonst?

Speak as they please, what does the mountain care?
Ah, but a man's reach should exceed his grasp
Or what's a heaven for?
Robert Browning: Andrea del Sarto

Lass sie nur reden – nimmer rührt's den Berg.
Doch schauen sollt ich weiter als ich greife.
Wozu ein Himmel sonst?
Übersetzung von Edmund Ruete, 1894

NORMAN G. DYHRENFURTH

WOZU EIN HIMMEL SONST?

Erinnerungen
an meine Zeit
im Himalaya

Tyrolia-Verlag · Innsbruck-Wien

© 2018 Verlagsanstalt Tyrolia, Innsbruck
Der Titel und die Texte dieses Buches beruhen auf einem
unveröffentlichten Manuskript aus dem Nachlass von
Norman G. Dyhrenfurth.
Umschlaggestaltung, Layout und digitale Gestaltung:
Tyrolia-Verlag, Innsbruck
Bildnachweis: Das Titelbild (Ama Dablam vom Kloster Tengboche aus
gesehen) sowie alle Abbildungen in diesem Buch sind im Zuge der von
Norman G. Dyhrenfurth geführten Internationalen Himalaya-Expedition
1955 sowie der ersten Amerikanischen Mount-Everest-Expedition 1963
entstanden und stammen aus dem Archiv des Autors. Die Original-Dias sind
unbezeichnet, deswegen wurde auf Bildlegenden verzichtet. Das Porträtbild
Seite 141 stammt aus dem Archiv des DAV, München, Foto: Toni Hiebeler
(1982).
Lithografie: Artilitho, Trento (I)
Druck und Bindung: FINIDR, Tschechien
ISBN 978-3-7022-3689-2 (gedrucktes Buch)
ISBN 978-3-7022-3690-8 (E-Buch)
www.tyrolia-verlag.at
buchverlag@tyrolia.at

Vorwort

Die bedeutendsten Unternehmungen eines Bergsteigers finden in der Regel während der kraftvollen jugendlichen „Sturmjahre" statt. Norman Dyhrenfurth lebte ein so langes und aktives Leben – er wurde fast 100 Jahre alt –, dass er die Bergsteigerwelt über mehrere Generationen inspirierte und beeinflusste. Damit führte er auch die Spuren seiner Eltern, der Himalaya-Pioniere Günter Oskar und Hettie Dyhrenfurth, in deren Geist fort. Der Höhepunkt seiner Karriere war zweifellos die Organisation und Leitung der ersten amerikanischen Mount-Everest-Expedition 1963, bei der die ersten Amerikaner den Gipfel erreichten.

Persönlich traf ich Norman zum ersten Mal 1999 im Hauptquartier des American Alpine Club in Colorado. Ähnlich wie bei ihm hatte sich auch mein Leben als Bergsteiger um den Mount Everest gedreht. 1985 unternahm ich einen Versuch am direkten Everest-Westgrat. Ein Jahr später gelang mir im Alleingang eine neue Route zum Everest-Nordgipfel (Changtse). 1988 schließlich war ich Teil jenes internationalen Vier-Mann-Teams, dem die Eröffnung einer neuen und bedeutenden Route durch die schwierige und extrem gefährliche 3350 Meter hohe Kangshung-Wand auf der tibetischen Ostseite des Everests gelang. Wir kletterten im lupenreinen Alpinstil – ohne Flaschensauerstoff, ohne Hochträger, ja selbst ohne Funkgeräte. Mein britischer Seilpartner Stephen Venables erreichte den Gipfel, ich selbst den Südgipfel.

Aber was war es gewesen, das mich als kleiner Junge inspiriert hatte, ein Bergsteiger zu werden? – Es waren die Berichte der ersten amerikanischen Everest-Expedition von 1963! Präsident John F. Kennedy ehrte im Rosengarten des Weißen Hauses die Expeditionsmannschaft und überreichte jedem einzelnen Mann, auch den anwesenden Sherpas, die Hubbard-Medaille der National Geographic Society. Es war ein großer Moment und ein symbolischer Akt von bleibender Bedeutung. Norman Dyhrenfurths Everest-Team verkörperte fortan das Bergsteigen in den Vereinigten Staaten und machte es populär.

Norman war ein kräftiger, energischer Mann mit 95 Jahren, als ich ihn 2013 im Rahmen des Bergfilmfestivals in Salzburg traf. Ich hatte damals eine Ausgabe des Klassikers „Zum Dritten Pol" mit im Gepäck, jenes umfassenden Werks über den Himalaya, das sein Vater verfasst hatte. Norman schrieb mir auf die Titelseite des Buches folgende Worte: „Mein Vater war wahrhaft mein Ideal – nicht mein Idol – er war meine Inspiration!" Und ich glaube, er würde exakt das Gleiche über seine unerschrockene Mutter sagen. Abgesehen von einigen Sherpafamilien gibt es in der Geschichte des Höhenbergsteigens wohl niemanden, der auf eine derart bedeutende, generationenübergreifende Tradition verweisen kann. Die Geschichte der Familie Dyhrenfurth ist absolut außergewöhnlich und einzigartig.

Als ich Norman damals zu meinem Vortrag „Storm Years on Everest" begrüßte und ihm den Abend widmete, wurde er vom Publikum mit einem rauschenden Applaus bedacht. Es dankte ihm damit – wie ich – für die vielen Jahre der Inspiration, die er uns gegeben hat und noch vielen Bergsteigern der kommenden Generationen geben wird.

Norman, wir danken Dir für Deine Würde, Deinen Humor, Deine Freundschaft und für Dein bergsteigerisches Vermächtnis.

Sincerely, Ed Webster

Inhalt

SCHWEIZER EVEREST-EXPEDITION
FRÜHJAHR 1952

Göttin-Mutter des Landes

Die Sonne sinkt. Im Schatten der Berge liegt das Kloster Tengpoche, die „heilige Wiese". Dumpf dröhnen die Bässe der Hörner, dann Paukenschlag und Trompeten. Eine monotone, fast unheimliche Musik, die von Talwand und Eisgrat widerhallt. Gestalten sitzen im Dämmerlicht, braune, wetterharte Männer in rotbraunen Kutten: buddhistische Lamas und Mönche. Die Instrumente verstummen. Kaum hörbar das Surren der Gebetsmühlen, der sanfte Klang silberner Glocken. Lippen bewegen sich in stiller Andacht. Himmelwärts richten sich die Augen, zum allerhöchsten Gipfel, der, von den Strahlen der Abendsonne umflutet, in den stahlblauen Äther ragt.

Es ist ein heiliger, überirdischer Berg, den sie verehren, von allen Geheimnissen des Unbekannten und Unzugänglichen umgeben. Symbol der Ewigkeit, Thron der Götter – aber auch Ort des Grauens und der Strafe, umringt von Mysterien und Angstvorstellungen alt wie die Nacht. Wehe dem Sterblichen, der es wagt, in diese menschenfeindliche Welt einzudringen! Wehe dem, der das von Dämonen bewachte Heiligtum der Berggöttin entweiht!

„Om mani padme hum", murmeln die frommen Männer von Tengpoche, den ruhigen Blick zum höchsten Punkt auf Erden gerichtet: Chomolongma – Göttin-Mutter des Landes.

Immer höher steigen die Schatten. Einer nach dem anderen versinken die Giganten im grauen Licht der Dämmerung. Dann

leuchtet nur noch der allerhöchste Gipfel in den letzten Strahlen der Sonne.

Dort, auf 8250 Meter über dem Meeresspiegel, steht das Sturmlager der Schweizer am 27. Mai 1952: ein winziges Zelt am Südostgrat, an der Grenze zwischen Nepal und Tibet. Raymond Lambert, Bergführer aus Genf, und Sherpa-Obmann Tensing Norgay aus Darjeeling sind die einzigen Insassen. Ihre Kameraden sind zum Südsattel abgestiegen, hier oben ist kein Platz für sie. Ohne Luftmatratzen, ohne Schlafsäcke, ja sogar ohne Kocher bedeutet Lager 7 nicht viel mehr als ein Notbiwak. Trotzdem hat Tensing vorgeschlagen, eine Seilschaft solle hier bleiben und am nächsten Tage zum Gipfel vorstoßen.

Die Sonne verschwindet hinter dem Everest; es wird bitterkalt, die Außentemperatur sinkt auf minus 30 Grad Celsius. Von Westen her ziehen dunkle Wolken auf, bald wird der gefürchtete Monsun seinen Einzug halten. Schlotternd vor Kälte sitzen die Gefährten auf dem bloßen Zeltboden. Es gibt fast nichts zu essen, ein bisschen Käse, ein Würstchen, das ist alles. Über einer Kerze wird etwas Schnee geschmolzen. Bei quälendem Durst verstreichen die Stunden nur langsam. An Schlaf ist nicht zu denken. Endlich beginnt es zu dämmern, die beiden einsamen Kämpfer machen sich fertig. Es ist der 28. Mai.

Der Aufstieg über den Südostgrat ist hier, in seinem mittleren Abschnitt, technisch leicht, aber für jeden Schritt braucht es drei Atemzüge. Beim Spuren lösen sich Lambert und Tensing häufig ab und bleiben immer wieder stehen, um sich auszuruhen. Das Wetter verschlechtert sich zusehends, sie kommen nur schrecklich langsam vorwärts. Die ungenügend erprobten Sauerstoffgeräte liefern viel zu wenig von dem lebensspendenden Gas. Die Beine werden schwer wie Blei. Wollen und Denken sind wie gelähmt. Nebelschwaden ziehen um die Grate, es beginnt zu schneien. Nun sind sie bei 8500 Metern, rund 260 Meter unter dem Südgipfel, 350 Meter unter dem höchsten Punkt der Erde. In der letzten Stunde haben sie nur noch 40 Höhenmeter gewonnen. Das hieße also noch neun Stunden bis zum Hauptgipfel, und es ist bereits 11:30 Uhr. Der Wind wird immer stärker, Schnee peitscht das Gesicht. Es ist den Männern klar, dass sie niemals mit dem Leben davonkommen werden, wenn ein wirklicher Sturm losbricht. Sie haben das Menschenmögliche geleistet, aber nun ist es höchste Zeit umzukehren. Das einsame Zelt auf 8250 Meter wird zurückgelassen, die beiden steigen zum Südsattel ab. Sie sind gänzlich „fertig". Über eine kleine Gegensteigung in der Passmulde kommen sie nicht mehr hinweg. Ihre Kameraden Aubert und Flory müssen sie in die Zelte vom Südsattel-Lager hereinholen. Die beiden waren wirklich an der äußersten Grenze des Möglichen gewesen. Wären Lambert und Tensing noch ein kleines Stück weitergegangen – sie wären nicht mehr lebend heruntergekommen …

SCHWEIZER EVEREST-EXPEDITION
HERBST 1952

Mingma Dorje
aus Namche Bazar

Der Kampf um den Everest lief auf Hochtouren. Es war Ende Oktober 1952, und fünf Lager waren bereits errichtet: Lager 1 (Standlager) am Fuße des Khumbu-Eisfalls. Lager 2 auf halber Höhe, Lager 3 auf etwa 6100 Meter am Eingang zum Westbecken, Lager 4 (vorgeschobenes Standlager) auf 6550 Meter fast am Fuße der Everest-Südwestwand und Lager 5 auf etwa 6800 Meter unterhalb der Eiswand, die den direkten Aufstieg zum Südsattel ermöglicht. Unsere Erfolgsaussichten wurden durch außergewöhnliche Kälte, heftige Stürme und immer kürzer werdende Tage beeinträchtigt. Darunter litt nicht nur die körperliche und seelische Verfassung der Mannschaft, auch unsere Umgebung war von diesen Umständen gezeichnet: In großen Höhen waren sämtliche Steilhänge beinahe schneefrei, überall schillerte blankgefegtes Eis blaugrün und abweisend. Das bedeutete eine Unmenge von Stufen, Eishaken und Fixseilen, um den Lastentransport zum Südsattel sicherzustellen. Lager 6 sollte dort auf fast 8000 Meter errichtet werden, und dann noch ein letztes Sturmlager, so hoch wie möglich.

Am 29. Oktober waren Jean Buzio und fünf Sherpas von früh bis spät damit beschäftigt, in harter Arbeit Haken zu schlagen und Seile zu spannen. Mit Feldstecher und Fernrohr verfolgten wir vom Lager 4 aus ihren Fortschritt. Sechs winzige Punkte, wie Ameisen in dieser lebensfeindlichen, fast erdrückenden Bergwelt. Am nächsten Nachmittag kehrten Jean und ein Sherpa zurück, die anderen blieben im Lager 5, wo der ständige Wind die Nächte noch unerfreulicher gestaltete als hier im vorgeschobenen Standlager. Jean sah alt und erschöpft aus. Die psychische und physische Belastung der letzten Tage und Wochen machte sich bemerkbar. Er war selig, die Sicherheit und den Komfort unseres Lagers erreicht zu haben, während wir, die wir ihn mit heißem Tee, Rum und Keksen begrüßten, ihm unsere Anerkennung für die geleistete Tagesarbeit aussprachen.

Tatsächlich war dies das erste Mal seit der Anreise, dass die ganze Mannschaft – mit Ausnahme von Gustave Gross im Lager 5 – beisammen war. Einige waren bisher in den unteren Lagern geblieben, andere waren am Vorstoß zum Südsattel beteiligt, und ich hatte in Neu-Delhi drei Wochen auf die nepalische Bewilligung warten müssen, bis ich endlich der Expedition auf kürzestem Wege von Süden her nacheilen konnte. Der heutige Abend war also für eine kleine Feier wie geschaffen!

Drei Flaschen Cognac hatten wir für die Gesamtdauer der Expedition mit dabei, aber jetzt waren wir darauf erpicht, wenigstens einer den Garaus zu machen. In dieser Höhe machte sich der Alkohol sehr bald bemerkbar. Wir fühlten uns herrlich entspannt und zugleich beschwingt. Altvertraute Lieder in Französisch, Englisch und Schweizerdeutsch füllten das „Tal des Schweigens". Wir genossen unser Gala-Essen, bestehend aus Pemmikan, Knäckebrot mit Thunfisch, Käse und Nescafé. Leider war die alkoholische Wärme nur von kurzer Dauer, und die grimmige Kälte drang sehr bald durch Zeltwand und Daunenanzug. Also zurück in unsere kleinen Zelte, in die doppelten Schlafsäcke und die allgemein beliebte „Horizontale". Im bleichen Mondlicht wirkten die umliegenden Bergriesen unsagbar fern und geheimnisvoll, wie aus einem Roman von Jules Verne.

In mein Zelt zurückgekehrt, wollte ich zunächst Eintragungen ins Tagebuch machen, aber überwältigende Müdigkeit, Sauerstoffmangel und eiskalte Hände setzten meinem Vorhaben sehr bald ein Ende.

Der nächste Tag war in erster Linie der Privatkorrespondenz gewidmet. Am Nachmittag sollten uns die Postläufer verlassen. Alle zwölf Tage wurden zwei besonders schnelle Läufer nach Jaynagar an der indischen Grenze entsandt. Dort wurden sie durch Assistenten von Pater Niesen, einem amerikanischen Jesuiten und Leiter der St. Xavier's School in Patna – einer der hervorragendsten Männer, die ich je kennengelernt habe –, empfangen. Pater Niesen nahm sich der äußerst komplexen Probleme unserer ein- und ausgehenden Post mit Herz und Seele an. Dabei bewies er viel List und Fingerspitzengefühl, denn wir hatten mit der „London Times" einen Exklusivvertrag und deren liebe Konkurrenz trachtete mit allen Mitteln danach, unsere Postläufer abzufangen und zu bestechen! Da der Mount Everest damals noch unbestiegen war, wuchs das Interesse der gesamten Weltpresse von Woche zu Woche. Jedenfalls dauerte der Gewaltmarsch zwischen Standlager, Jaynagar und zurück vier Wochen.

Expeditionsleiter Gabriel Chevalley und Arthur Spöhel verließen uns nach Abgang der Post, um die Nacht im Lager 5 zu verbringen. Am folgenden Tag waren sie an der Reihe, die Arbeit in der Südsattelflanke fortzusetzen.

Nachmittagstee, und bald darauf Abendessen. Bei der herrschenden Kälte war es keine reine Freude, sich allzu lange im Messezelt aufzuhalten. Raymond Lambert, unser bergsteigerischer Leiter, und Sirdar Tensing Norgay zogen sich bald zurück, während Jean Buzio, Gustave Gross, Ernst Reiss und ich im flackernden Licht der winzigen Kerze fröstelnd herumhockten und bis acht Uhr über Berge, Philosophie, Religion und Frauen (allerdings nicht unbedingt in dieser Reihenfolge) diskutierten. Auf 6550 Metern Höhe und derartig spät im Jahr kam es uns wie zwei Uhr morgens vor!

Die Strapazen der vergangenen Wochen hatten uns arg zugesetzt. Auch unsere Nerven waren längst nicht mehr die besten. Als wir ins Freie traten, blickten die Berge auf uns herab in kalter, mörderischer Stille. Jenseits von Eisbruch und Standlager schien uns die dunkle Pyramide des Pumori von der Außenwelt abzuriegeln. Wir kamen uns vor wie Gefangene der höchsten Berge der Erde, ohne jegliche Möglichkeit des Entkommens. Ich dachte an die alten Legenden und die Warnungen der Lamas von Tengpoche … Wir hatten es gewagt, den Frieden und die Stille der Göttin-Mutter Chomolongma zu stören.

Der nächste Tag war kalt, klar und traumhaft schön. Nach dem Frühstück konnten wir bereits mehrere „Ameisen" erspähen, die sich dem Bergschrund näherten. Während die Kameraden mit Feldstechern Ausschau hielten, filmte ich mit langen Brennweiten und schwerem Stativ. Ausnahmsweise gab es fast keinen Wind, und dank der wärmenden Sonne war das Leben im Lager 4 recht angenehm. Einige unterzogen sich dem ungewöhnlichen Luxus persönlicher Reinigung – ein bemerkenswertes Unterfangen, das in diesen Höhen meistens in Vergessenheit gerät oder sogar streng verpönt ist. Vielleicht würden die kommenden Wochen gar nicht so schlimm werden?

Unser Gemütszustand und die Hoffnung auf einen baldigen Gipfelerfolg erreichten ein neues Hoch: Ein gutes Lager auf dem Südsattel, mit genügend Lebensmitteln, Brennstoff, Sauerstoff und Reserveausrüstung, dann noch ein letztes Sturmlager auf 8500 Meter am Südostgrat – ein einziges Zelt, knapp über einer ungeheuren Eiswand, die sich 4000 Meter tiefer mit dem Kangchung-Gletscher in Tibet vereint – und wir wären in der Lage, den ersten Gipfelangriff zu wagen. Diesmal hatten wir bessere Atmungsgeräte als während der Frühjahrs-offensive. Damals erreichten Lambert und Tensing eine Höhe von nahezu 8600 Meter, knappe 250 Meter unter dem Gipfel! Vielleicht sollten wir versuchen, ein noch höheres Lager auf etwa 8700 Meter zu errichten, dicht unterhalb der Südschulter. Selbst wenn wir nur 30 bis 50 Höhenmeter pro Stunde schaffen könnten, so hätten wir dann genügend Zeit, den Gipfel zu erreichen und mit Sicherheit vor Einbruch der Dunkelheit das höchste Sturmlager zu beziehen. Eine total erschöpfte Gipfel-mannschaft, durch Sauerstoffmangel – da die Flaschen sicherlich leer wären – dem Erstickungstod nahe, könnte ein Notbiwak nicht überleben.

Soweit unsere Erwägungen und Gedankengänge an jenem sonnigen Morgen im Lager 4. Wir waren wie ausgewechselt. Ich erinnere mich noch gut an die allgemein gehobene Stimmung und den beinahe euphorischen Optimismus. Die Sherpas waren guter Dinge, beteten und sangen ihre monotonen Lieder; das vertraute Summen der Petroleumkocher, die gemütliche Atmosphäre der zum Trocknen ausgebreiteten Luftmatratzen und Schlafsäcke, die in der ausnahmsweise regungslosen Bergluft dampfenden Zelte, all das gab uns ein beruhigendes Gefühl der Sicherheit und des Friedens.

Mit einem Schlag änderte sich das Bild: Drei kleine Punkte unter dem Bergschrund bewegten sich merkwürdig schnell nach unten. Wenige Minuten später waren alle im Abstieg begriffen, sogar die Dreier-Partie, die bereits in unmittelbarer Nähe des felsigen Genfer Sporns Seile gespannt hatte. Aus dieser Entfernung konnten wir uns nicht vorstellen, was passiert war. Ein Sturz über den Bergschrund wäre unangenehm, aber unterhalb war der Hang weder sehr steil noch gefährlich. Warum also stieg man ab? Ein kleiner Ausrutscher wäre doch kaum der Rede wert und noch kein Grund, die wichtige Arbeit für den

Rest des Tages einzustellen. Weder Feldstecher noch Fernrohr konnten das Rätsel lösen, und Funkgeräte hatten wir keine. Nach einiger Zeit trafen zwei Sherpas im Eilmarsch ein, sie waren völlig außer Atem und übergaben uns einen Zettel von Gabriel: „Drei Sherpas verletzt! Benötige sofort Medikamente!" Wir warfen eilig das Nötigste zusammen, und schon machten sich die Sherpas wieder auf den Weg. Jean und Gustave schulterten ihre Rucksäcke und starteten wenige Minuten später, während ich ihren Abmarsch filmte. Vielleicht war es die durch Gletschermüdigkeit und den Sauerstoffmangel verursachte Lethargie oder aber die Tatsache, dass aus großer Entfernung alles nur halb so schlimm aussah: Keiner von uns hatte auch nur die leiseste Ahnung, dass die Situation wirklich ernst war.

Am späten Nachmittag kehrten Jean und Gustave zurück. Ihre sonnenverbrannten Gesichter waren müde und eingefallen: „Mingma Dorje ist tot!"

Wir sind zutiefst erschüttert. Ang Dawas Augen füllen sich mit Tränen. Keiner spricht. Alle sind fassungslos. Wie konnte das nur geschehen? Es hatte so harmlos ausgesehen. Dann erfahren wir die Einzelheiten:

Da Gabriel mit dem Dräger-Sauerstoffgerät experimentieren wollte, verließ er Lager 5 mit einiger Verspätung. Arthur, mit Dawa Thondup und Ang Temba am Seil, war bereits ziemlich hoch über dem Bergschrund, gefolgt von zwei Sherpa-Seilschaften von je drei Mann. Gabriel, zwei Sauerstoff-Flaschen am Rücken und die Maske im Gesicht, war mit Da Namgyal und Ang Nima in einer Seilschaft verbunden. Gerade als er im Begriff war, den Bergschrund zu überqueren, hörte er laute Schreie: „Sah'b, Sah'b!" Hoch oben in der Lhotse-Steilrinne hatte sich eine kleine Eislawine gelöst. Riesige Eisbrocken stürzten auf sie zu, es blieb keine Zeit zum Ausweichen. Sie pressten sich gegen den Steilhang und hofften auf ein Wunder. Ein gewaltiger Klumpen traf Gabriel am Rücken, aber die Sauerstoff-Flaschen schützten ihn vor ernsten Verletzungen. Da Namgyal erhielt einen Treffer und verlor fast das Bewusstsein. Die drei oberen Seilschaften hingen regungslos im Eis. Mingma Dorje wurde von seinen Kameraden am straffen Seil gehalten. Gabriel beeilte sich, zu ihm zu stoßen, musste aber zunächst eine diagonale Stufenreihe schlagen.

Mingma Dorjes Gesicht war blutüberströmt, seine Sonnenbrille zerschmettert. Er stöhnte und kam allmählich zu Bewusstsein, aber er konnte sich nicht aufrichten. Mit Hilfe eines Flaschenzuges gelang es, den Schwerverletzten über eine heikle Traverse zum fixen Seil hinüberzuziehen. Dann wurde er langsam und vorsichtig zum Bergschrund heruntergelassen. Alle waren ziemlich dicht beisammen, da verlor plötzlich die Seilschaft Aila, Da Norbu und Mingma Sitar ihren Halt und glitt immer schneller den steilen Lawinenkegel hinab. 200 Meter tiefer blieben sie liegen, jenseits einer kleinen Mulde.

Die vier Verletzten wurden auf Luftmatratzen gelegt und in Decken eingewickelt. Mingma Dorje hatte Schnittwunden und Prellungen im Gesicht, mehrere gebrochene Rippen und innere Verletzungen; Mingma Sitar hatte einen Schlüsselbeinbruch erlitten sowie Prellungen am Oberschenkel und Rippenbrüche; Ailas Gesicht war blutüberströmt und kaum zu erkennen; Da Norbu hatte glücklicherweise nur unbedeutende Prellungen. Wie durch ein Wunder waren Arthur und seine zwei Sherpas unversehrt davongekommen! Sie waren schon fast am Beginn der felsigen Rippe des Genfer Sporns, als die riesigen Eisblöcke rechts an ihnen vorbeisausten …

Wenige Stunden später hatte Gabriel die von uns heraufgesandten Medikamente erhalten und konnte Mingma Dorje und Mingma Sitar, die am schwersten verletzt waren, Pantopon verabreichen. Mingma Dorje erhielt auch noch Coramin. Er litt unter starkem Schock und wälzte sich wie von Sinnen von Seite zu Seite. Nach einiger Zeit wurde er etwas ruhiger, dann riss er plötzlich das Zelt auf, bäumte sich auf mit letzter, konvulsiver Kraft und fiel tot nach hintenüber. Mingma Dorje war Vater von drei Kindern, ein erstklassiger Sherpa und prachtvoller Kamerad …

Wir waren wie gelähmt, als wir uns im Messezelt versammelten, vor allem Tensing, der seiner Sherpa-Mannschaft gegenüber ein besonders großes Verantwortungsgefühl empfand. Wir hatten nicht nur einen unserer besten Leute verloren, nun waren wir auch mit einem neuen Problem konfrontiert: Wie stand es jetzt mit unserer Anstiegsroute zum Südsattel, die wir bisher zwar als sehr lang und anstrengend betrachteten, hingegen für objektiv sicher hielten? Sollten wir tatsächlich versuchen, die restlichen Männer dazu zu überreden, schwere Lasten durch diese Gefahrenzone zu tragen? Wir beschlossen, am nächsten Tag in aller Frühe nach Lager 5 aufzusteigen, um die Lage mit Gabriel und Arthur zu besprechen. Außerdem mussten die Verletzten heruntergebracht werden. Mingma Dorje sollte auf einer kleinen Moräne begraben werden, auf halber Höhe zwischen den Lagern.

Welch ein deprimierendes Nachtmahl! Wie Elendshäufchen saßen wir um die flackernde Kerze, jeder machte sich Gedanken, fragte sich, ob die heutigen Ereignisse nicht das Ende unserer großen Hoffnungen bedeuteten. Falls die Sherpas allzu demoralisiert sein sollten, um weiterzukämpfen, wären wir erledigt! Alle waren sich dessen bewusst, aber es wurde kaum gesprochen. Die große Stille der Bergwelt war bedrückend und kaum ertragbar. Stumm sahen wir zu, wie Ernst aus einem Kistendeckel ein Kreuz anfertigte und eine schlichte Inschrift einkerbte. Jeder war mit seinen Gedanken allein. Raymond und Tensing verließen als Erste das Messezelt.

Wir saßen noch einige Zeit vor Kälte zitternd um den Kerzenstummel und sprachen von der Heimat. Kurz nach acht suchten auch wir unsere Zelte auf. Die Nacht schien ungewöhnlich kalt und die riesigen Berge glitzerten im grellen Mondlicht. Das tückische Blankeis unserer Anstiegsroute war gut erkennbar, aber zu dieser Stunde sah alles eher harmlos und friedlich aus. Trotzdem machte ich mir große Sorgen. Die größten Schwierigkeiten standen uns noch bevor, und sechs Leute waren bereits ausgeschieden: Zwei Träger starben infolge Kälte und Erschöpfung beim Anmarsch, und nun war ein Sherpa tot und drei andere schwer verletzt. Wie lange konnten wir unter diesen Umständen weitermachen?

Im Morgengrauen stiegen wir am 1. November zum Lager 5 auf. Mingma Dorjes Leichnam wurde aus dem Zelt geholt und in Säcke gewickelt. Dann begann die melancholische Prozession unter einem schwarzblauen Himmel. Jeder Sah'b und alle mehr oder weniger einsatzfähigen Sherpas nahmen teil. Am Bestimmungsort angekommen, gruben die Männer im beinharten Moränenschotter ein flaches Grab. Schweigend sahen wir zu, wie der Tote in seine letzte Ruhestätte gelegt wurde. Er war uns allen nahegestanden, und wir würden ihn sehr vermissen. Unser einfaches Holzkreuz wurde am Fußende eingegraben. Eine Lage von schweren Steinplatten und Felsbrocken, dann eine obere Schicht von kleinen, weißen Steinen, wie es in Sherpafamilien der Brauch ist: Sirdar Tensing Norgay zelebrierte die Totenfeier nach buddhistischem Ritus. Es war eine tief bewegende Szene, diese Gedenkstunde im Schatten des Gipfels der Welt. Chomolongma, Göttin-Mutter des Landes, hatte einen ihrer Söhne zu sich genommen: Mingma Dorje aus Namche Bazar.

Im Kampf um den Südsattel

Am 4. November steigen wir ins Lager 5 auf. Ajiba, einer der Stärksten, wird mir als Ersatz für den leider erkrankten Ang Dawa zugeteilt. Ich schaue mir seinen Schritt an und übernehme gleich die Spitze, um ihm mein Tempo zu diktieren – seines hielte ich nicht lange aus. Am gleichen Tag stoßen Jean und Gustave vor und errichten Lager 6 auf etwa 7100 Meter in der Lhotse-Flanke, unserer neuen Anstiegsroute. Morgen sollen sie Lager 7 aufstellen, von wo aus der Südsattel in einem Tag zu erreichen wäre.

Zwischen Lager 4 und 5 gibt es erstaunliche Unterschiede: unten kalt, bei Sonne erträglich, relativ wenig Wind. Oben heulender Sturm, unerträgliche Kälte. Die Zelte knattern und schwanken ununterbrochen, warm hat man in keiner Stellung mehr, dazu der Höhenhusten und die ständige Atemnot.

Am nächsten Morgen meldet sich auch gleich einer der Sherpas krank. Als dann Lambert und Tensing von unten her nachziehen, sehen wir, dass Buzio und Gross noch nicht aus ihrem Zelt im Lager 6 gekrochen sind. Endlich erscheinen sie – und steigen ab. Lambert ist zunächst sehr ungehalten, doch als die beiden ankommen, sehen wir ihnen an, dass sie völlig erschöpft sind. Die Nacht in der Lhotse-Flanke war furchtbar, das Zelt flog beinahe mit ihnen fort; ihre Füße waren eiskalt, und am Morgen waren sie nicht in der Lage, weiter aufzusteigen. Nach meiner Nacht hier im Lager 5 kann ich sie verstehen.

Es herrscht zweifellos eine Krise. Der Unfall hat uns allen einen Knacks gegeben, und der Wind ist zermürbend. Er zehrt an unserer Kraft und ganz besonders an unseren Nerven.

Am 6. November früh, nach einer noch schlimmeren Nacht, macht sich Lambert, der noch gewaltigen Auftrieb hat, sofort bereit. Auch ich beeile mich, um den Abmarsch filmen zu können, aber das Anziehen in einem kleinen Zelt auf dieser Höhe ist wahre Schwerarbeit. Ist sie getan, stolpert man atemlos und völlig erschöpft in die beißende Kälte und muss dort erst einige Minuten lang nach Luft ringen. Lambert, Tensing und drei Sherpas beginnen den Aufstieg, während ich nach einer Stunde Filmarbeit gerade noch ins Zelt kriechen kann und 45 Minuten lang Hände und Füße massieren muss. Am Nachmittag kehren die Sherpas zurück, Lambert und Tensing bleiben oben. Reiss und Spöhel besuchen mich abends im Zelt. Es ist zwar fast kein Platz mehr, aber warm und beinahe gemütlich. Sogar eine Kerze brennt – mittlerweile ein seltener Luxus, denn seit einiger Zeit verschwinden alle Kerzen auf geheimnisvolle Weise.

Mitten in der Nacht – Reiss und Spöhel waren in ihr Zelt zurückgekehrt – erwache ich unter Erstickungsgefühlen. Wie ich überhaupt einschlafen konnte? Meine Behausung ist einseitig eingedrückt und lastet, eiskalt, auf meiner Brust. Im verbleibenden Raum winde ich mich keuchend in die Überkleidung und krieche hinaus. Eine gewaltige Schneeverwehung droht mein Zelt restlos zu begraben. Dann sehe ich die Schatten zweier Sherpas, die aus ihrem ebenfalls halb erdrückten Quartier in ein stärkeres Doppelzelt flüchten. Ich rufe zu ihnen hinüber und frage nach einer Schaufel – keine Reaktion. Zum Glück finde ich ein Brett, und so grabe und drücke ich, so gut es geht, den Schnee damit weg. Alle Augenblicke muss ich hinter dem Zelt Zuflucht suchen, um in diesem höllischen Sturm überhaupt atmen zu können. Arthur und Ernst schreien herüber, um zu fragen, wie es mir geht. Ich brülle: „Alles o. k.!", krieche in meinen inzwischen eiskalten Schlafsack und falle vor lauter Erschöpfung in tiefen Schlaf.

Am nächsten Morgen beobachten wir im grauen Licht Lager 6, das noch steht – wir hatten daran gezweifelt. Dann sehen wir Lambert und Tensing hervorkriechen und nach oben starten. Nach einer solchen Nacht eine reife Leistung, die Achtung gebietet! Es gelingt ihnen, Lager 7 bei etwa 7450 Meter aufzustellen, während Reiss und Spöhel die Standseile und Eishaken der alten Route in mühsamer Schwerarbeit einholen. Am Nachmittag beschließe ich, ins Lager 4 zurückzukehren. Zu filmen gibt es nun nichts mehr, und drei Nächte hier oben haben mir genügt. Unten kann ich endlich wieder aufatmen – kein Wind mehr. Unglaublich, was das ausmacht.

Am 8. November ist Ruhetag für mich. Lambert und Tensing kehren zurück, die Spuren ihrer gewaltigen Anstrengung im Gesicht. Tensing muss aber sogleich ins Standlager. Dort unten scheinen die Sherpas alle zu landen, wenn es ihnen oben verleidet ist. Er soll alle Drückeberger „auf Vordermann" bringen. Dann beobachten wir gespannt, wie Reiss und Spöhel ihre halsbrecherische Fronarbeit – das Einholen der restlichen Seile und Haken – beenden und ins Lager 5 zurückkehren.

Buzio und Gross brechen zum Lager 6 auf, um von dort die Spurarbeit Lamberts weiterzuführen und über Lager 7 zum Südsattel vorzustoßen. Kaum erreichen sie das einsame Zelt, da kehren ihre Sherpas um, und kurz darauf steigen auch sie ab, Lager 6 scheint unhaltbar zu sein. Gleichzeitig kehren Ernst und Arthur zu uns zurück – hundemüde und entrüstet: Als sie von ihrer Arbeit am Vorabend zurückkamen, brachten ihnen die Sherpas erst gegen acht Uhr etwas Kaffee und am anderen Morgen wiederum nur Kaffee, sonst nichts. Auch konnten sie keine Kerzen finden – die Sherpas waren ganz apathisch.

Am 10. November ist letzter Ruhetag. Arthur rasiert mich – damit die Sauerstoffmaske besser sitzt – mit einem altväterlichen Rasiermesser, nach einer halben Stunde stehe ich, ohne meinen alten Schnurrbart, wie ein Schuljunge da. Bei uns ist Sonne, aber im Lager 5 bläst es derartig, dass Gustave absteigt – er hält es nicht mehr aus.

Dann kommt mein Tag, zur Spitze zu stoßen. Pro Schritt drei oder mehr Atemzüge, mein Hals brennt wie Feuer, endlich bin ich oben. Glücklicherweise ist der treue Hochlagerkoch Kirken da, um endlich für regelmäßige Verpflegung zu sorgen. Die Nacht ist grauenhaft, ich liege mit Gabriel Chevalley im Zelt, das andauernd schwankt, und das Knattern macht einen ohrenbetäubenden Lärm. Noch nie bin ich so nahe daran gewesen, den Verstand zu verlieren. Hin und wieder beleuchte ich mit der Taschenlampe die Zeltwand, was irgendwie beruhigend wirkt. Wenn das Licht über Gabriels Gesicht streicht, sehe ich ihn mit weit offenen Augen und einem gehetzten, fast irren Blick daliegen. Mein Kopf ist niedriger als die Füße, die eisverkrustete Zeltwand wird vom Sturm gegen mein Gesicht gepresst – es darf nicht mehr lange dauern.

Am 12. November stürmt es noch immer, es ist ganz unmöglich, irgendetwas zu unternehmen. Mein Hals brennt jetzt die ganze Zeit. Gabriel schaut hinein und beordert mich sofort ins Lager 4 zurück – Kehlkopfentzündung. Unten angekommen, schlucke ich etwas Cognac, zwei Aspirin, zwei Schlaftabletten und finde endlich etwas Schlaf.

Der ewige Sturm verursacht weitere Verzögerungen. Am 16. erreichen Lambert und Tensing wieder Lager 7 (7450 m). Am 17. sehen wir, wie sie den Aufstieg antreten. Nach langer, langer Zeit erreichen sie die oberste Terrasse der Lhotse-Flanke und spannen ein Geländerseil für den Quergang zum „Gelben Band". Dann bleiben sie lange unbeweglich und steigen schließlich ab, nach einem Drittel der Distanz zum Südsattel! Zwei Spitzenleute mit Sauerstoff kehren um – niemand weiß, was das bedeuten soll.

Gleichzeitig ist Chevalley mit einem Sherpa von Lager 5 aus nach oben aufgebrochen. Nach kurzer Zeit bleibt einer der beiden sitzen, der andere steigt in schnellem Tempo zum Lager 6 auf, kehrt dann zurück – ist es ein Unfall? Nein, beide steigen nun ab. Wenn der Sitzende nur nicht Erfrierungen davonträgt, wir haben nachgerade genug Unfälle. Am Nachmittag eine Notiz von Chevalley: Er hat sich eine zu schwere Last aufgeladen und ist steckengeblieben. Er war es also. Der Kampf geht aber weiter.

Am 18. ein weiterer Tag voller Geheimnisse: Keine Bewegung in Lager 7, hingegen einige Sherpas, die zwischen 5 und 6 pendeln. Nachricht aus Lager 5: Buzio ist allein dort, Chevalley und Reiss sind aufgestiegen.

Am 19. November soll der Südsattel erreicht werden. Lambert, Reiss und Tensing, gefolgt von sieben unserer besten Sherpas – Pemba Sundar, Ang Temba, Topkie, Ang Nima, Goumdin, Ang Namgyal und Pemba – verlassen Lager 7. Lambert vermerkt in seinem Tagebuch: „Reiss und Tensing traversieren das Couloir und spannen weitere 200 Meter Seil, während die Sherpas und ich auf der obersten Terrasse der Lhotse-Flanke warten. Das Wetter ist herrlich; wenn alles gut geht, sollten wir den Südsattel heute am Spätnachmittag erreichen."

Als sie gegen 17 Uhr dort ankommen und ihren Lagerplatz vom Frühjahr beziehen, haben Wind und Kälte derart zugenommen, dass es ihnen kaum noch gelingt, die Zelte aufzustellen. Der Sturm wird zum Orkan, die Nacht für alle zur Hölle. Schwer angeschlagen entschließen sie sich am nächsten Morgen trotzdem zum weiteren Vorstoß.

„Mit größter Anstrengung queren wir den Südsattel und steigen über vergletscherte Hänge auf. Wir bewegen uns entsetzlich langsam. Nasen und Fingerspitzen verlieren jegliches Gefühl. Trotz bester Ausrüstung dringt der Wind bis auf die Haut durch. Sogar Tensing ist stark angeschlagen, und die Sherpas hinter uns kommen kaum vom Fleck. Bei etwa 8150 Meter halten wir an. Es ist einfach unmöglich, bei diesen Wetterverhältnissen und in der Höhe weiterzumachen!"

Das war der erste und der letzte Gipfelversuch. Auch Lambert, Reiss und Tensing müssen einsehen, dass es einfach nicht geht, ohne ihr Leben aufs Spiel zu setzen. Weder wir Sahibs noch die Sherpas sind in der Lage, diesen ungleichen Kampf weiterzuführen. Selbst ein vorübergehender Rückzug, um Kräfte zu sammeln, wäre sinnlos.

Am 25. November sind wir im Standlager versammelt. Ein Festessen erwartet uns, das ich nie vergessen werde: Yakfleischsuppe, Schaffleisch, Bohnen, Kartoffeln, Kuchen und Tee. Wie sehr uns frische Nahrung oben gefehlt hat, erkennen wir erst jetzt. Abends liegen wir in einem nicht vom Wind gerüttelten Zelt mit zwei Kerzen – welch ein Luxus! Wir husten noch alle – Nachwirkungen der Höhe auf die gereizten Organe.

Andertags wird zusammengepackt. Wir fühlen uns wie im Frühling, und die Freude, wieder in wärmere Gegenden zu kommen, überstrahlt alles andere. Wir können froh sein, mit Ausnahme einiger angefrorener Nasen und Fingerspitzen heil davongekommen zu sein. Zwar liegen noch gut 19 Tagesmärsche vor uns, doch was tut's: Wir gehen nach Hause!

Der Weg zurück

Dichter Regenwald weicht offenen Grashängen. Der schmale Pfad verliert seine Steilheit. Gabriel Chevalley und ich wandern am Ende der Kolonne. An diesem Morgen, als die Sonne über einem Wolkenmeer aufstieg und die Berge von Solu Khumbu in markantem Relief erscheinen ließ, haben wir das Kloster von Taksindu hinter uns gelassen.

Es ist der 7. Dezember 1952, ein klarer, wunderschöner Tag im Himalaya, wie geschaffen zum Vor-sich-hin-Träumen. Unsere Füße bewegen sich in monotonem Rhythmus, wie die wohl geschulter Lasttiere. Sie haben dieses Jahr viel geleistet und große Distanzen hinter sich gebracht.

Eine verwitterte Mani-Mauer kommt in unser Blickfeld. Gabriel hält plötzlich an. Beinahe laufe ich in ihn hinein, denn meine Gedanken sind weit weg. Unter uns wogen sanfte Hügel bis zum Horizont. Immer höher und wilder werden sie bis zu den großen Gipfeln mit ihren schimmernden Gletschern und kühnen Graten: Jugal und Langtang Himal, Gaurisankar, Cho Oyu und viele andere. Und dahinter schließlich unser Berg, dunkel, abweisend und fern, in endgültiger, souveräner Geste nach dem Himmel greifend: Chomolongma, die Göttin-Mutter des Landes!

Still nehmen wir unsere Rucksäcke ab und rasten inmitten von Bergblumen. Die weichen, braunen Moospolster sind ein willkommenes Lager nach den windgepeitschten Flanken des

Mount Everest. Es ist schön, am Leben zu sein. Wir starren zum fernen Horizont und durchleben noch einmal die vergangenen Wochen und Monate. Es war ein harter Kampf. Und nun liegt all das hinter uns.

Ich erinnere mich nicht, wie lange wir auf jenem Hügel unter der Mani-Mauer verweilten, den wärmenden Sonnenschein genossen und auf eine frühere Phase unseres Lebens zurückblickten. Da war der Everest: dunkel, fern und unwahrscheinlich hoch. Sogar aus dieser Entfernung konnte man deutliche Zeichen wilder Höhenstürme sehen. Die berühmte Schneefahne erstreckte sich kilometerweit gegen Osten. Und dennoch blickten wir auf „unseren" Berg mit unendlicher Sehnsucht. Er war ein schrecklicher, übermächtiger Gegner, aber jetzt, da wir ihn verlassen mussten, konnten wir uns der Tränen kaum erwehren. Keiner sagte etwas – jeder war allein mit seinen Gedanken.

Im folgenden Jahr, 1953, waren die Briten an der Reihe. Ihre Erfolgsaussichten waren gut. Aber selbst wenn ihr Besteigungsversuch scheitern sollte, hatte die Regierung von Nepal das Jahr 1954 bereits für die Franzosen reserviert.

„Les avant-premières à l'Everest – c'est tout, on n'aura plus de chance."

Gabriels leise, traurige Worte entsprachen meinen eigenen Gefühlen. Wir waren tatsächlich nur Vorläufer, und nun würde es jemand anderem vorbehalten sein, die Endrunde zu laufen. Es war wie ein Staffellauf, bei dem der Stab von einer Mannschaft an die andere weitergegeben wird. Und so soll es wohl auch sein.

„Eh bien, mon cher, on-y-va?"

Es war schon spät, als sich zwei müde Männer zum Weitergehen aufrappelten. Das Ende eines großen Abenteuers war nahe. Nur noch zehn Tage auf dem Weg nach Kathmandu, dann der lange Rückflug in die Heimat, in das „andere" Leben. In diesem Augenblick schien es beinahe unerträglich, daran zu denken. Ein letzter Blick – dann war der Everest nicht mehr zu sehen. Wir waren auf dem Heimweg.

Aber ich wusste schon damals, dass ich wiederkommen würde.

Zwischenspiel

Ich saß an meinem Schreibtisch. Draußen gingen Studenten vorbei, auf dem Weg zu ihren Vorlesungen. Ein Schild an der Tür trug meinen Namen: Leiter der Filmabteilung, Departement für Theaterwissenschaften, Universität von Kalifornien in Los Angeles. Ich fühlte mich wie ein mittelgroßer Frosch in einem etwas zu beengten Teich.

Es war der dritte Tag nach der Rückkehr an meinen alten Posten, nach sechs Monaten unbezahlten Urlaubs zwecks Beteiligung an der zweiten schweizerischen Mount-Everest-Expedition 1952. Vor mir lag ein Berg unerledigter Arbeit: Briefe, die beantwortet werden mussten, Agenden, Budgets, Zeitpläne, Studentenlisten, Filmprojekte und tausend andere Dinge. Die Fenster waren weit offen, die kalifornische Sonne schien hell – und doch war die Luft stickig; ich fühlte mich eingehemmt, umzingelt. Der Gedanke, dieses Leben wieder aufzunehmen, erfüllte mich mit Entsetzen. Telefone läuteten unaufhörlich, Schreibmaschinen machten einen Höllenlärm, und Studenten steckten ihre Köpfe herein, um unbeantwortbare Fragen zu stellen. Da saß ich nun mit stierem Blick vor meinem Schreibtisch, überhäuft mit Mahnungen an ein früheres Leben. Allmählich kam ein Bild in den Fokus: tiefe, grüne Täler, kristallklare Bergbäche, primitive Steinhütten, buddhistische Chörten, unaufhörlich kreisende Gebetsmühlen, und über all dem der hohe Himalaya. Gesichter erschienen auf meinem inneren Gedächtnis-Bildschirm – braune, glückliche und stolze Gesichter. Da war mein treuer Freund Ang Dawa und sein letztes Lebewohl, als unser Flugzeug bereits startklar war: „Bitte, Sah'b, komm wieder zurück!" Er hatte Tränen in den Augen.

Schrilles Telefongeklingel unterbrach meine Wachträume: „Professor Dyhrenfurth, ich soll Sie daran erinnern, dass um 12 Uhr mittags eine Fakultätssitzung stattfindet. Bitte nicht vergessen!" Die Sekretärin klang sachlich und tüchtig wie immer.

Ich sah auf meine Uhr. Eine knappe Stunde vor der Sitzung. Die Uhr weckte andere Erinnerungen. Es war ein Geschenk mit der Inschrift: „Souvenir Expédition Suisse à L'Everest, Automne 1952." Wie fehl am Platz schien sie in Südkalifornien, und vor allem im Department für Theaterwissenschaften!

Genauso fehl am Platz war ich auch.

An der Gründung einer neuen Abteilung in einer großen Universität mitzuwirken, die der Heranbildung einer neuen und hoffentlich besseren Generation von Filmschaffenden gewidmet war, das war einmal eine große, lohnende Aufgabe für mich gewesen. Jetzt aber schien sie plötzlich furchtbar fade und sinnlos zu sein. Der ursprüngliche Auftrieb war nicht mehr da, ein anderer konnte das jetzt übernehmen, jemand, der damit zufrieden war, den Rest seines Lebens in der akademischen Welt zu verbringen.

Kenneth Macgowans Büro war neben meinem. Wie gewöhnlich saß er hinter seinem Schreibtisch, der in einer Ecke des Raumes stand, seine Aufmerksamkeit zwischen Pfeife und Diktiergerät geteilt. Er war nicht nur Chef des Departments, sondern auch mein guter und verständnisvoller Freund. Als ich eintrat, schaltete er das Gerät ab, zog einige Male an seiner Pfeife und fragte schließlich: „Was ist los, Norman? Irgendwas nicht in Ordnung?"

„Es tut mir leid, Kenneth, aber ich kann einfach nicht mehr mitmachen. Alles scheint anders geworden zu sein. Die Arbeit langweilt mich zu Tode; es hat keinen Sinn mehr. Ich fürchte, ich muss die Professur abgeben."

„Schon drei Tage nach deiner Rückkehr? Bist du sicher?"

„Leider ja. Es ist nicht nur die Arbeit. Der Everest hat mein ganzes Denken umgestellt. Ich weiß nicht, was es ist, aber irgendetwas ist dort oben mit mir geschehen. Was früher furchtbar wichtig schien – jetzt ist es das einfach nicht mehr."

Kenneth zeigte sich kaum überrascht.

„Was planst du denn?", fragte er. „Du kannst doch nicht immer nur auf Expeditionen gehen. Wie willst du deine Familie erhalten?"

„Ich weiß es noch nicht. Irgendwas wird mir schon einfallen."

Mein Chef kannte mich gut genug, um zu wissen, dass nichts meinen Entschluss ändern konnte. Nachdem er sein persönliches Bedauern geäußert hatte, gab er zu, dass ich nur so handeln konnte, wenn ich mit mir selbst in Frieden leben wollte.

Als ich sein Zimmer verließ, fühlte ich mich wie neugeboren. Sogar die Luft taugte wieder zum Atmen. Ich beschloss, für heute Feierabend zu machen. Die Fakultätssitzung würde wohl auch ohne mich stattfinden.

Das Leben in der Los-Angeles-Vorstadt Reseda war sehr angenehm. Unser kleines Schwimmbad war von einer hohen Mauer umgeben, die private Abgeschlossenheit gewährte und mir eine prächtige Sonnenbräune ermöglichte. Wir hatten kein Telefon. Wer mich erreichen wollte, musste mir entweder ein Telegramm schicken oder selbst herausfahren. Was braucht man mehr? Geld – leider, um nur eins zu erwähnen. Geld, um den Traum einer Rückkehr zum Everest zu verwirklichen – und den einer ersten amerikanischen Everest-Expedition.

Die folgenden sechs Jahre sollte ich in jeder erdenklichen Weise an diesem Projekt arbeiten: mit Plänen für Bücher, durch Schreiben von Artikeln für Zeitschriften, mit Vortragstourneen, Auftritten in Rundfunk und Fernsehen und mit diversen Versuchen, Hollywoods Filmproduzenten an Himalaya-Dokumentarfilmen zu interessieren. Hie und da gelang es mir, ein paar hundert Dollar zur Verwirklichung meiner ehrgeizigen Pläne aufzutreiben, aber es waren immer nur ein paar Tropfen auf einen heißen Stein ...

Eines meiner Projekte war eine fotografische Überfliegung des Everest. Während ich noch versuchte, einen der führenden Flugzeugfabrikanten der Westküste dafür zu interessieren, kam die Nachricht vom großartigen Erstbesteigungserfolg der britischen Expedition. Ein paar Tage später machte die indische Luftwaffe mehrere Flüge über den Gipfel. Die prachtvollen Bilder, die sie davon mitbrachten, erschienen überall, und meine eigenen Pläne verloren jeglichen Sinn.

Dann versuchte ich, Zeitungen und Illustrierte zur Finanzierung einer amerikanischen Expedition zu überreden. Ich wies darauf hin, dass die „London Times" sich seit vielen Jahren an britischen Himalaya-Expeditionen beteiligt hatte und dass es jetzt für Amerikaner an der Zeit sei, diesem Beispiel zu folgen. Aber nachdem der Everest nun bestiegen worden war, hörte ich immer wieder: „Er ist ja schon gemacht worden. Warum sollte man es wieder tun?" Die Aussicht auf eine amerikanische Mount-Everest-Expedition schien ferner denn je.

INTERNATIONALE

HIMALAYA-EXPEDITION

1955

Im Bummelzug durch Indien

Die Internationalität der Himalaya-Expeditionen meiner Eltern wurde ihnen seinerzeit von manchen Stellen sehr verübelt, von anderen jedoch zum Ruhme angerechnet, je nach politischer Einstellung. Und auch 1955 spielte in der Erschließung des Himalaya der nationale Gesichtspunkt leider immer noch eine oft scharf betonte Rolle. Demgegenüber sollte die Internationale Himalaya-Expedition (IHE '55) mit voller Absicht an die Dyhrenfurth-Tradition von 1930 und 1934 anknüpfen und auf der kameradschaftlichen Zusammenarbeit von zwei Österreichern, zwei Schweizern, drei US-Amerikanern, einem „Amerika-Schweizer", einem nepalischen Verbindungsoffizier und zehn Sherpas aus Indien und Nepal gründen.

Die neue IHE wich von dem bisher üblichen Expeditionstypus stark ab: Sie beschränkte sich nicht auf die Vormonsun-(April bis Anfang Juni) oder Nachmonsunzeit (September bis November), sondern sollte beinahe neun Monate im Arbeitsgebiet bleiben. Es ging uns nicht darum, einen möglichst „spektakulären" Erfolg zu erringen und dann schleunigst wieder zurückzufliegen, sondern es sollte ruhig und planmäßig gearbeitet werden, ohne sich auf einen bestimmten Gipfel festzulegen.

Damals gab es noch keine zuverlässige Karte der Everest-Region. All die vielen Expeditionen hatten nur vage Kammverlaufsskizzen heimgebracht, die sehr stark differierten. Nach modernen kartographischen Methoden war in Solu Khumbu überhaupt noch nicht gearbeitet worden. Die Photogrammetrie kann keine Nebenbeschäftigung für Laien oder Amateure sein, sondern sie erfordert einen wirklichen Fachmann. Den besaß die IHE mit dem bekannten Bergsteiger und Topografen Erwin Schneider, der 1930 am Kangchendzönga dem Lawinentod entronnen war.

Die Vorhut der IHE reiste am 30. März mit der MS „Asia" des Lloyd Triestino von Genua aus: die Tiroler Erwin Schneider und Ernst Senn und ich, der „Amerika-Schweizer" und Expeditionsleiter. Am 13. April kamen wir in Bombay an und hatten zum Empfang in Indien ernste Zollschwierigkeiten. Dabei war eigentlich alles auf das Gründlichste vorbereitet worden: Genaue Listen des gesamten Expeditionsgepäcks waren in zehn Exemplaren nach Delhi gegangen. Obendrein handelte es sich nur um Transitgut durch Indien nach Nepal, die Bestätigungen der nepalischen Regierung lagen vor. Unser Material sollte also einfach unter Zollverschluss bis zur nepalischen Grenze spediert werden. Trotzdem gab es einen hartnäckigen „Papierkrieg" mit Bewertung aller Waren bis zur letzten Sicherheitsnadel, persönlicher Bürgschaft, Bankgarantie und so weiter. Erst am frühen Morgen des 17. April konnten wir das diesmal so ungastliche Bombay verlassen, und zwar in einem Personenzug. Einen Schnellzug konnten wir deswegen nicht benutzen, da unser vom Zollamt plombierter Gepäckwagen – mit 167 Kisten und Säcken, insgesamt 6500 Kilogramm – nur an einen Personenzug angehängt werden durfte. Man hatte uns dringend geraten, in dem gleichen Zug zu fahren, wenn wir sicher sein wollten, dass unsere Ausrüstung rechtzeitig in Jogbani, der letzten Station vor der nepalischen Grenze, eintreffen sollte.

Was „Bummelzug" in Indien bedeutet, kann nur ermessen, wer selbst einmal so gereist ist. Die Wagen waren unwahrscheinlich schmutzig, von Dusche und Klimaanlage (wie in den Schnellzügen) keine Rede. Tagsüber war es unbeschreiblich heiß. Die Skala unseres Thermometers reichte bis 40 Grad Celsius; es hätte aber sicher 50 Grad angezeigt, wenn es dies nur gekonnt hätte. Schloss man die Fenster, erstickte man; öffnete man sie, so drang der Staub in alles ein und die Hitze wurde noch größer. Die drei Ventilatoren waren vollkommen machtlos, sie wirbelten nur die heiße Luft umher. Wir verbrachten die meiste Zeit liegend, „in der Horizontalen".

Wir hielten Hunderte von Malen, und manchmal versuchten wir dann unser Glück mit der Jagd auf heißen Tee, Bananen, Mandarinen, Wassermelonen oder Ähnlichem, denn einen Speisewagen führten wir nicht mit. Auf größeren Stationen konnte man sogar Eier mit Toast bekommen. Während Ernst Senn und ich auf Nahrungssuche gingen, musste Erwin Schneider unser Abteil verteidigen. Da er sich – ganz abgesehen von einer noch nicht ganz auskurierten Mandelentzündung – in Dreck und Hitze nicht gerade wohl fühlte und immer an sein schönes, kühles Lech am Arlberg dachte, zeigte sein Gesicht fast ständig einen grimmigen, beinahe gefährlichen Ausdruck, der meist genügte, auch die Kühnsten unter den kühnen Bakschisch-Jägern abzuschrecken.

„Schieß erst, wenn du das Weiße ihrer Augen siehst!", lautete meine gutgemeinte Warnung.

„Vergiss mich!" Seine Lippen bewegten sich mit Mühe, der Rest war vor Dreck erstarrt.

„Verriegle die Tür hinter uns, falls dir dein Leben lieb ist!"

„Wir reisen schon wie die ärgsten Proleten! 1930 – beim Günter Dyhrenfurth – da ging's ganz anders zu: erste Klasse, saubere Duschen und gute Mahlzeiten im Speisewagen. Dein Vater war enorm großzügig. Aber jetzt – nichts als Scheiße!"

„Gewiss, aber denk mal an den Unterschied in den Budgets!

Wir können von Glück reden, dass wir überhaupt hier sind. Vielleicht müssen wir nach Hause laufen!"

Die vielen Blinden machten uns allerhand zu schaffen. Anfänglich wollte ich jedem ein paar Münzen geben, aber meine Barmherzigkeit hatte verheerende Folgen: Binnen kurzem waren wir von entsetzlich zerlumpten, übel riechenden Bettlern umringt. Neue Maßnahmen mussten ergriffen werden: Solide Tiroler Kraftausdrücke, von Erwin mit wahrhaft furchterregender Stentorstimme gegen den „Feind" geschmettert, genügten, um alle in die Flucht zu schlagen. Es waren tapfere Männer, aber einem derartigen Wutausbruch wäre niemand gewachsen, es sei denn, der Betroffene wäre nicht nur blind, sondern auch taub.

Nach einer langen, heißen Nacht brachten die frühen Morgenstunden etwas Linderung. Langsam rollte der lange Zug durch die weite indische Ebene. Der neue Tag brach an und brachte mit sich den sanften Geruch feuchter Erde. Seltsame Tafelberge, weich umrissen gegen den allmählich heller werdenden Himmel, waren in ständig wechselnder Perspektive sichtbar. Im Halbdunkel verhüllte riesige Bäume, sanfte Spiegelungen im friedlichen Gewässer fruchtbarer Reisfelder, und hier und dort Wasserbüffel, die ihre schweren Köpfe mühsam hoben, um dem entschwindenden Zug in träger Gelassenheit nachzublicken. Die ersten blutroten Strahlen der Sonne berührten die Baumwipfel, glitten unendlich langsam über die Strohdächer der Bauernhäuser und Dörfer, um dann den Feldern und Tieren den Hauch des neuen Tages zu verleihen. Die Nebelschwaden über den Wassern lösten sich auf, die würzigen Gerüche der Landschaft wurden wach. Menschliche Formen, regungslos, die Gesichter vermummt gegen die Kühle des Morgens, schauten uns nach.

Ich werde die melancholischen und dennoch überwältigenden Eindrücke dieser indischen Sonnenaufgänge nie vergessen.

Sie stimmten mich traurig, mein Inneres war zutiefst ergriffen. Nirgendwo in der ganzen Welt hat mich der Anbruch eines neuen Tages derartig beeindruckt. Es war, als ob die visuellen, man möchte fast sagen sinnlichen Empfindungen ins Blut übergehen. Aber dann stieg die Sonne unbarmherzig am Horizont und zerstörte alles, was mich noch vor wenigen Minuten in seinem Bann gehalten hatte. Dann blieb nichts als Hitze, Schmutz, Gestank, Lärm und die fürchterliche Armut der Menschen! Und dennoch, nach einer weiteren erstickend heißen, schlaflosen Nacht brachte das Morgengrauen von neuem die sanfte Melancholie und mysteriöse Pracht Indiens ...

Ohne Abenteuer ging es allerdings nicht ab; schon am ersten Tag begann es, nur zwei Stationen nach Itarsi: In einer Kurve schaute Erwin aus dem Fenster und bemerkte zu unserer Bestürzung, dass unser Gepäckwagen abhandengekommen war. Auf der nächsten Station stellte ich den „Train Guard" zur Rede, der gelassen meinte, die Steigung sei zu groß, man habe deshalb unseren Wagen abgehängt. Bevor ich etwas unternehmen konnte, fuhr der Zug schon weiter. Mit letzten Reserven, heraushängender Zunge und einer maßlosen Wut im Bauch erreichten Ernst und ich unser Abteil, wo sich sogar Erwin diesmal einige Sorgen gemacht hatte. Der Gedanke, sich selbst überlassen zu sein, ohne Fahrschein, Geld oder irgendetwas zu essen, war ihm sichtlich unangenehm. Nachdem wir aber mit heiler Haut zurück waren, glätteten sich seine Züge und die „Horizontale" wurde erneut eingenommen. Wie wir ihn um seinen Gleichmut beneideten!

Erst zwei Stationen später, in Bhopal, konnte ich einen Bahnhofsvorstand erwischen, dem ich in deutlichster Sprache klarmachte, er habe unbedingt dafür zu sorgen, dass unser Wagen an den nächsten Schnellzug angehängt würde. Es kostete allerdings ein Ferngespräch mit Bombay, bis mir dies hoch und heilig versprochen wurde. Da aber alle Züge Verspätungen hatten – der eine mehr, der andere weniger –, gab es noch einige bange Stunden, bis der kostbare Wagen unter unseren wachsamen Augen wieder an unseren Zug gekoppelt wurde.

Nach einer halbwegs erträglichen Nacht langten wir um 6 Uhr morgens in Kanpur an, wo wieder einmal intensiv rangiert wurde. Sicherheitshalber gingen wir kurz vor Abfahrt des Zuges zur Lokomotive, und wieder war unser Gepäckwagen verschwunden! Nach kurzer, verzweifelter Suche entdeckten wir ihn friedlich ruhend auf einem Nebengeleise. Sofort rannte ich wutschnaubend zum Stationsvorsteher, der zunächst so tat, als ob er mich nicht verstünde. Dann behauptete er, mit seinem Vorgesetzten einen Riesenkrach zu bekommen, wenn er jetzt noch unseren Wagen anhängen lassen und dadurch Verspätung verursachen würde. Diesmal blieb ich aber beinhart und brachte ihn schließlich doch so weit, dass er das Telefon zur Hand nahm, um die nötigen Befehle zu erteilen. Gleichzeitig versicherte er mir, dass ohne sein höchstpersönliches Startsignal kein Zug die Station verlassen könne. Als ich während unseres Disputs zufällig zum Fenster hinaussah, entdeckte ich zu meinem Schrecken, dass sich unser Zug – etwa sechs Geleise entfernt – in Bewegung setzte. Ich raffte meine Papiere zusammen, verfluchte den Stationsvorsteher, raste dem Zug nach, sprang über Geleise, Bahnsteige, Hunde, Ziegen, Kühe, Affen und schlafende Menschen in wilder Hast, doch als ich den richtigen Bahnsteig erreichte, konnte ich nur noch feststellen: Es war unmöglich, den Zug noch einzuholen! Dazu die furchtbare Hitze, mein Herz klopfte wild, ich war vollkommen außer Atem und für den Moment wirklich ratlos. Meine beiden Kameraden, unser persönliches Gepäck, auch mein Fahrschein waren in Richtung Lucknow unterwegs, und ich saß hier – allein.

Doch bald erschienen einige „Train Guards", sichtlich erheitert durch das von mir gebotene Schauspiel. Sie bekannten ihr Mitleid, versicherten mir, der Stationsvorsteher sei ein unhöflicher und eingebildeter Trottel, und ich solle doch einfach mit dem soeben einlaufenden Schmalspurzug nach Lucknow fahren. Also bestellte ich noch einen „besonders freundlichen" Gruß an ihren Chef, stieg ein und traf nur wenige Minuten nach meinen Freunden in Lucknow ein. Dort raste ich vom Schmalspur- zum Normalspurbahnhof hinüber und fand Erwin und Ernst ratlos auf unseren neun privaten Gepäckstücken sitzen. Meine verschwitzte und abgekämpfte Erscheinung schien sie sichtlich aufzuheitern.

„Welch Freude, dich wiederzusehen, Chef. Wo hast du dich denn rumgetrieben?" Erwins Begrüßungsworte waren beinahe enthusiastisch.

Hier gab es eine angenehme Überraschung: Die beiden Bahnhofsvorsteher von Lucknow waren besonders liebenswürdig und hilfsbereit und ließen es sich nicht nehmen, ihrem Kollegen von Kanpur telefonisch einige ausgewählte Freundlichkeiten über sein Benehmen auszurichten. Bis der treulose Gepäckwagen einlaufen würde, dessen Inhalt hier auf die Schmalspurbahn umgeladen werden musste, hatten wir Zeit. Im Taxi fuhren wir zum Carlton-Hotel, wo ich schon von der Schweiz aus Zimmer reserviert hatte. Ein uraltes Hotel, aber hohe, kühle Zimmer mit Ventilatoren, wunderbare lauwarme Bäder, Limonaden, Mittagessen – seit Bombay zum ersten Mal – und Schlaf für meine Freunde. Ich fuhr inzwischen hinüber zum Bahnhof, um selbst nach dem Rechten zu sehen. Und siehe da: Der Ausreißer war da und wurde gerade rangiert.

Ich trieb 20 Kulis auf, öffnete die Riesenschlösser des Wagens, und nun begann das Umladen. Bald war mir klar, dass ich eigentlich als Drilling hätte auf die Welt kommen müssen

– einer beim alten Wagen, einer beim neuen, und einer auf der Strecke dazwischen. Ich konnte also beim besten Willen den Kinderschlaf meiner Freunde nicht weiter schonen, alarmierte sie telefonisch, und sobald sie eingetroffen waren, ging das Umladen munter voran. In zwei Stunden war es geschafft. Dem Stationsvorsteher von Lucknow sei Dank!

So trafen wir glücklich am Donnerstag, den 21. April, vormittags in der Grenzstation Jogbani ein. Im Stillen hatte ich gehofft, dass vielleicht einige unserer Sherpas, die in Dharan (etwa 50 Kilometer nördlich von Jogbani) mit 120 Trägern aus Namche Bazar seit dem 17. April unser Eintreffen erwarteten, uns in Jogbani abholen würden. Und siehe da: Da war er schon, mein alter Freund Ang Dawa, und kämpfte sich durch die Menschenmenge. Wir umarmten uns, mit Tränen der Wiedersehensfreude in den Augen. Es war eine unbeschreibliche Freude, ihn nun in unserer Mannschaft willkommen zu heißen und sein glückstrahlendes Gesicht zu beobachten. „Bara Sah'b, much happy. You come back! Atcha, atcha", strahlte er mir entgegen.

„Bahut atcha, Ang Dawa!", versicherte ich ihm, und die Sachlage war in der Tat sehr, sehr gut. Während unserer letzten Expedition trug ich, als Fotograf und Filmer, den Spitznamen „Picture Sah'b", denn wer unter den Sherpas konnte schon Dyhrenfurth aussprechen. Und nun wurde ich zum ersten Mal als „Bara Sah'b" (Großer Herr = Expeditionsleiter) angesprochen – ein für meine Ohren keineswegs unsympathischer Titel.

Solu Khumbu –
Land der Sherpas

Der 6. Mai ist ein herrlicher Tag. Vor uns leuchtet die Mera, ein formenschöner Sechstausender. Endlich sind wir im Hochgebirge. Durch blühende Rhododendrenwälder geht es hinauf zu dem leichten Pass Pankhoma Banyang und dann abwärts nach dem Dorf Pankhoma, wo ich schon 1952 mit Ang Dawa übernachtet hatte. Nichts hat sich hier geändert; mir ist, als käme ich in meine Heimat zurück.

8. Mai: Da die Träger verstreut in den Hütten von Surkya geschlafen haben, verzögert sich der Aufbruch. Nach einem steilen Anstieg erreichen wir das schöne Plateau von Chaurikharka, einem freundlichen Dorf mit mehreren Chörten und einer Mani-Mauer. Durch Getreide- und Kartoffelfelder, die von niedrigen Steinmauern eingefasst sind, geht es weiter. Dicht über·dem Dudh Kosi, dem „Milchfluss", halten wir auf einer Wiese Frühstücksrast. Der Fluss, der von den Gletschern des Everestgebietes gespeist wird, hat eine prachtvolle milchig-blaugrüne Farbe. Der Weg führt nun am Fluss entlang; hie und da wechselt man auf ziemlich luftigen, aber solide gebauten Holzbrücken das Ufer. Rhododendren, Primeln und winzige Schneeglöcklein blühen am Wege, der Wald wird immer alpiner und duftet wie ein Bergwald daheim. Am Westufer, dicht hinter einer Brücke, finden wir einen guten Lagerplatz, auf dem

bald die abendlichen Feuer brennen. Später, als der Trubel des Lagers verstummt, erfüllt nur noch das Tosen des Dudh Kosi das Tal. Morgen werden wir in Namche Bazar sein.

9. Mai: Ein strahlender Tag. Zunächst geht es am Dudh Kosi entlang bis zu seinem Zusammenfluss mit dem Bhote Kosi. Nach einer Stunde erreichen wir den Punkt, von dem man den ersten Blick auf die Everestgruppe bekommt. Ich wusste das schon und wollte als Erster dort sein. Auch diesmal bin ich überwältigt. Allerdings sieht der Lhotse von hier noch großartiger aus als sein höherer Bruder, der zum großen Teil vom Nuptse-Lhotse-Grat verdeckt ist. Nur sein mächtiges Haupt ragt noch darüber hinaus, und die berüchtigte „Feder", eine kilometerlange Fahne aus Schnee- und Eisteilchen, zeigt, dass dort oben Stürme in gewohnter Stärke herrschen.

Meine Freunde sind begeistert. An dieser Stelle möchte ich, sobald die Sonne kommt, eine wichtige Szene für einen meiner Filme drehen, in dem Pinjo die Hauptrolle spielen soll. Pinjo ist ein gutaussehender, etwa zwölfjähriger Junge, der mir von Tensing aus Darjeeling mit unseren zehn Sherpas geschickt worden ist. Sein Vater, Ang Tensing, war seinerzeit Sherpa bei der Nanga-Parbat-Expedition von 1934; Erwin Schneider erinnert sich noch gut an diesen ausgezeichneten Mann. Leider ist er vor einigen Jahren bei einer Expedition im Kangchendzönga-Gebiet umgekommen. Pinjo und seine etwas ältere Schwester, die bei uns als Sherpani mitgeht, stehen nun im Leben allein.

Die Sonne lässt lange auf sich warten, die ganze Kolonne ist schon an uns vorbeigezogen. Mit Hilfe unseres nepalischen Verbindungsoffiziers erkläre ich Pinjo die Szene, die er zu spielen hat. Nach einigen Proben ist die Sonne da, es wird gedreht, und allmählich werden auch die steifen und befangenen Bewegungen meines kleinen „Stars" natürlicher.

Eine halbe Stunde später erreichen wir Namche Bazar, das große Sherpadorf. Hier sind wir im Land der Kartoffeln. Bereits unterwegs werden uns gekochte „Alu" von freundlichen Sherpani angeboten. Sie sind uns weit entgegengekommen, um ihre Angehörigen zu begrüßen. Es herrscht festliche Stimmung; von allen Seiten erschallt Gesang, jeder ist glücklich, wieder zu Hause zu sein.

Unser Weg führt am Dorf vorbei zu dem etwa 100 Meter höher gelegenen Platz, wo bereits sämtliche Everest-Expeditionen der Nachkriegszeit gelagert haben. Kurz bevor wir dort anlangen, taucht plötzlich jenseits von Tengpoche ein unglaublich kühner Eis- und Felsturm auf: die Ama Dablam (6812 m). Die Kameraden sind zunächst sprachlos vor Begeisterung, und selbst Erwin, der sich während des Anmarsches nicht sehr wohl gefühlt hatte, ist plötzlich wie neugeboren. Immer wieder versichert er, dass dies die schönste Berglandschaft sei, die er je gesehen habe – und Erwin Schneider, in Fachkreisen als „Siebentausender-Schneider" bekannt, hat viel gesehen: Himalaya, Karakorum, Pamir, Kordilleren und selbstverständlich die Alpen von Ost bis West.

10. Mai: Den Weg von Namche Bazar nach Tengpoche zu beschreiben, dafür fehlen die Worte. Immer wieder versichern meine beiden Freunde, es sei die schönste Höhenpromenade der Welt. Himmelhohe, leuchtende Eisberge: Tamserku, Kangtega, Karyolung, Kwangde, Taboche, die einmalige Ama Dablam und dann noch das überwältigende Dreigestirn Nuptse–Everest–Lhotse! Zunächst spaziert man am linken Talhang fast eben, hoch über dem Dudh Kosi dahin, dann geht es ziemlich steil zum Fluss hinab, über eine gute Holzbrücke und nun auf der anderen Seite, an mehreren vom Wasser getriebenen Gebetsmühlen vorbei, durch einen schönen Föhrenwald hinauf zum Kloster.

Kurz vor Mittag stehe ich wieder an dem großen Chörten von Tengpoche. Die Wirklichkeit ist fast noch schöner als meine Erinnerung. Erwin, sonst meist ziemlich wortkarg, wirkt jetzt wie ein frisch Verliebter, und ich bin froh und stolz, als ob ich etwas dazu beigetragen hätte, dass dieses Land so schön ist. Manchmal könnte ich fast glauben, dass Solu Khumbu in einem früheren Leben meine Heimat war.

Wir lagern unter dem Kloster auf einer kleinen Wiese, wo die Briten 1953 ihr Akklimatisationslager hatten. Zu unseren Ehren steht dort bereits ein Prunkzelt, in dem bald tibetischer Buttertee in einer riesigen Schale serviert wird. Ich lasse unseren Verbindungsoffizier Gaja Nanda Vaidya in möglichst diplomatischer Weise erklären, wir seien von dem langen Anmarsch etwas mitgenommen und unsere Mägen vertrügen die ungewohnte Yakbutter noch nicht. Diese Entschuldigung wird freundlich aufgenommen, und wir bekommen bald den gewohnten Darjeelingtee. Unsere Sherpas trinken natürlich den „Lama-Tee" mit Wonne. Für uns gibt es heute noch viel Arbeit, denn morgen werden unsere beiden Postläufer zum ersten Mal auf den Weg nach Kathmandu geschickt. So sitzen wir noch lange bei Kerzenschein an unseren Schreibmaschinen.

11. Mai, der 18. und letzte Marschtag! Es ist um 5 Uhr morgens hier auf rund 4000 Meter Höhe empfindlich kalt, wir frösteln in unserem dünnen Khakizeug. Zum Abschied erstattet uns der stellvertretende Abt des Klosters einen Besuch. Stolz zeigt er uns eine von der „American Geographical Society" ausgestellte Ehrenurkunde für die Sherpas der erfolgreichen britischen Everest-Expedition von 1953. Zunächst bin ich nicht ganz im Bilde, aber dann ahne ich, dass eine Gegenleistung für die uns erwiesene Gastfreundschaft erwartet wird. Pasang Phutar deutet an, 15 bis 20 Rupien seien angebracht. Ich entscheide mich für 30, allerdings sieht man dem Gesichtsausdruck des Abtes

an, dass er von meiner Spende enttäuscht ist. Soviel ich weiß, hat Oberst John Hunt nach seinem großen Triumph am Everest dem Kloster 500 Rupien geschenkt! Für eine kleine Privatexpedition ist es leider auch in dieser Hinsicht nicht leicht, den Fußstapfen reichlich finanzierter nationaler Großunternehmen zu folgen.

Beim Aufstieg nach Pangboche wird es warm; die Sonne ist zwischen Vor- und Hauptgipfel der Ama Dablam aufgetaucht, und alle Eisgipfel leuchten nun in strahlendem Licht. An Everest und Lhotse hängen wieder riesige Schneefahnen. Bald erreichen wir den Zusammenfluss von Tsola und Imja Khola. Am Westufer der Imja Khola steigen wir nach Dingboche hinauf. Der Ort besteht aus etwa 40 primitiven Steinhütten, die auf einem Plateau verstreut liegen. Die Felder, auf denen Gerste angebaut wird, sind von Steinmäuerchen eingefasst. Auf der anderen Talseite, uns gegenüber, türmt sich die Ama Dablam auf, noch wilder als von Tengpoche. Talabwärts rechts die kühne Gestalt des Taboche, links Tamserku und Kangtega, in weiterer Ferne Kwangde und Karyolung; talaufwärts die namenlosen steilen Berge der Wasserscheide zwischen unserer Imja Khola und dem Baruntal, weiter links der von den Engländern 1953 bestiegene Island Peak, Lhotse Shar (8393 m) und der unglaublich scharfe Verbindungsgrat zur düsteren Pyramide des Lhotse (8516 m), rund 4200 Meter über uns.

Erwin ist derartig beeindruckt von dieser großartigsten aller Hochgebirgslandschaften, dass sie ihm keine Minute Ruhe lässt. Er steigt sofort zu einem Chörten hinauf und ruft uns zu, wir sollten nachkommen. Als wir ihn schnaufend einholen, sehen auch wir, was ihn als Topografen so erregt: Weit im Nordwesten taucht der Cho Oyu (8201 m) auf, der im vergangenen Herbst von der kleinen Expedition Herbert Tichys erstmals erstiegen wurde. Der Everest ist von hier aus zwar nicht sichtbar, aber die rötliche felsige Gipfelpyramide des Makalu (8485 m), des fünfthöchsten Berges der Erde, überragt im Nordosten den Kamm zwischen Baruntal und Imja Khola. Ob wohl die hervorragende Nationalmannschaft der Franzosen inzwischen diesen gewaltigen Berg bezwungen hat?

Unser Standpunkt bietet also die Möglichkeit, drei trigonometrisch bestimmte Achttausender anzuvisieren, was für Erwins photogrammetrische Arbeit höchst wichtig ist. Hier in Dingboche wird deswegen während der langen Wochen und Monate des Monsuns unser Standquartier sein.

Monsun in Khumbu

Bei meinen Expeditionsplänen hatte mich schon seit Jahren der Gedanke beschäftigt: Wie wäre es, einmal die Monsunmonate im Himalaya zu verbringen? Durch die sehr spät eingetroffene nepalische Bewilligung für unsere Expedition sind wir diesmal gezwungen, diese Erfahrung selbst zu machen.

Vom 1. Juni an warten wir auf das Eintreffen des Monsuns. Als wir am 8. Juni unsere Kundfahrt nach dem Nangpa La und in das Gebiet des Cho Oyu antreten, setzen die ersten Regen ein. Von nun an regnet es fast jeden Nachmittag, doch nimmt die Wirkung des Monsuns in dem Maße ab, als wir uns der tibetischen Grenze nähern. In unserem Lager nördlich des Nangpa La, bei etwa 5600 Metern, haben wir fast jeden Vormittag wunderschönes Wetter, und über der tibetischen Hochebene bleibt es auch den ganzen Tag lang schön; es bilden sich nur unzählige Haufenwolken, die ihre purpurnen Schatten auf das braune Land werfen.

Auch nach unserer Rückkehr nach Dingboche macht uns der Monsun nicht allzu viel zu schaffen. Wir haben unsere Steinhütte leidlich abgedichtet; vormittags scheint häufig die Sonne, und sogar die hohen Berge zeigen sich oft. Die Bauern von Dingboche arbeiten emsig an ihren künstlich bewässerten Feldern; Kartoffeln und Gerste gedeihen prächtig. Alle paar Tage wird den Feldern vom Gletscherbach her durch kleine Kanäle Wasser zugeführt, wobei die Frauen, die die Hauptarbeit leisten, das Wasser mit Hilfe eines Holzschiebers geschickt über die Felder verteilen. Fast kann man inmitten des tiefen, fruchtbaren Grüns vergessen, dass wir uns auf etwa 4500 Metern befinden, also ungefähr in Matterhornhöhe.

Nachdem wir die große Freude gehabt haben, Lionel Terray und Guido Magnone von der geglückten französischen Makalu-Expedition für einige Tage bei uns zu sehen, erhalten wir nun auch den Besuch von Norman Hardie. Er hat zusammen mit Tony Streather als zweite Seilschaft der britischen Expedition den Kangchendzönga bezwungen. Wir beglückwünschen ihn herzlich zu diesem großartigen Erfolg, und er zeigt uns die Skizzen ihrer Route. Es sind sehr freundschaftliche und anregende Tage.

Leider sind wir gezwungen, mitten im Monsun weiterzuziehen, denn es ist in Solu Khumbu ein alter Aberglaube, dass niemand länger als zwei Monate am gleichen Ort bleiben darf, weil dort sonst nichts mehr wüchse. So müssen wir in der letzten Juliwoche mit dem Transport unseres Hab und Guts nach Lobuche beginnen. Lobuche liegt auf etwa 5000 Metern Höhe an der orografisch rechten Seite des Khumbu-Gletschers. Es ist die letzte Yakalm vor Lager 1. Obwohl Lobuche nur zwei Steinhütten und einige „Sangars" (Schutzmauern gegen den Wind) besitzt, wohnen hier während der Monsunmonate mehrere Yakhirten, die etwa 100 Tiere betreuen. Wir müssen uns nun also in unseren Zelten einrichten, die allerdings den Vorteil haben, sehr viel sauberer zu sein als die Hütten der Einheimischen. Außerdem halten gute Zelte auf Dauer dem Regen besser stand.

An das Zusammenleben mit den Yaks gewöhnen wir uns bald. So bedrohlich der erste Eindruck ist, wenn sie mit ihrem tiefen Brummen und Grunzen plötzlich aus dem Nebel auftauchen – es sind prachtvolle und ganz friedliche Tiere, wenn man sie zu behandeln versteht. Besonders reizend sind die jungen Kälber, die mit ihrem langen zottigen Fell eher wie Bernhardiner oder Neufundländer aussehen, dabei aber behände wie Gämsen die steilen Hänge hinauf- und hinabrennen. Tagsüber werden sie von ihren Müttern getrennt gehalten, erst, wenn diese gemolken sind, dürfen auch sie sich gütlich tun. Es ist jedes Mal ein besonderes Vergnügen, die Kälber zu beobachten, wenn sie in Windeseile von der oberen Alm herunterrasen, um ihre Mütter zu begrüßen und sich schnell eine Zwischenmahlzeit zu sichern.

Zwei Tage nach unserer Ankunft in Lobuche wird die große Yakherde, die dem Kloster Tengpoche gehört, heraufgetrieben. Unter den Hirten befindet sich auch eine sehr intelligent und sympathisch aussehende Frau mittleren Alters. Wir hören bald, dass sie die Mutter des künftigen Hochlamas von Tengpoche sei. Ihr Sohn, der als die Reinkarnation des verstorbenen Abtes gilt, ist nun etwa 20 Jahre alt und zurzeit noch in Lhasa, wo er seine Studien beendet. Im Dezember soll er nach Tengpoche zurückkehren, um dann sein hohes Amt anzutreten. Es ist sehr schade, dass wir dieses große Fest nicht mehr miterleben können.

Mehrmals versuche ich die Mutter des künftigen Hochlamas zu fotografieren oder zu filmen, aber sie ist sehr scheu und duldete es ganz und gar nicht. Vor einigen Tagen stellte sich heraus, dass ihr ein Zahn große Schmerzen verursacht. Unser derzeitiger „Arzt" Ernst Senn erkennt, dass er unbedingt gezogen werden muss. Erst als ich mich zum Schreiben an die Maschine setze, also ganz bestimmt nicht fotografieren oder filmen kann, entschließt sie sich zu dieser kleinen Operation, die mit Hilfe unseres Koches Kirken in wenigen Minuten zufriedenstellend beendet wird. Übrigens ist sie nicht die einzige „heilige" Patientin, der Ernst hilft. Alle paar Tage kommen Lamas der Um-

gebung, die für irgendwelche Leiden Linderung und Rat erwarten. Diese kostenlose Behandlung der Bevölkerung spielt eine große Rolle, und es ist erstaunlich, wie geschickt und sachverständig Ernst seines Amtes waltet.

Die ersten zwei Wochen in Lobuche regnet es eigentlich ohne Unterbrechung. Trotzdem vergeht diese Zeit, die wir beinahe immer im Zelt zubringen müssen – mit Schreiben, Lesen und Plänemachen – sehr rasch. Sobald das Wetter nur für ein paar Stunden leidlich aussieht, sind wir sofort unterwegs: filmen, fotografieren und erkunden. Wir haben im Stillen gehofft, links, also westlich vom Pumori, einen Übergang zum westlichen Rongphu-Gletscher zu finden, um den Pumori von dort aus anzugehen. Aber auch Ernst Senn, unser bester Mann, muss zugeben, dass die beiden Scharten als Übergänge nicht in Frage kommen. Sie sind derart steil und objektiven Gefahren ausgesetzt, dass man sie Lasten tragenden Sherpas keinesfalls zumuten darf. Man müsste also den weiten Umweg über den Nup La machen.

Die Höhepunkte unseres Daseins in der Monsunzeit sind die Posttage. Wir haben zwei Paar Postläufer. Das eine Paar schafft den Weg bis Kathmandu in acht bis zehn Tagen, das andere – von uns „Postschleicher" genannt – braucht etwa fünf Tage länger. Heute, am 1. August, weht die große Schweizer Fahne vom Messezelt. Am späten Nachmittag unseres Nationalfeiertages kommen ganze Berge von Briefen mit allerlei guten Nachrichten. Da wird abends sogar die Rumflasche herausgeholt, und unsere angeregten Gespräche dauern bis in die späte Nacht.

Am nächsten Tage schreiben wir eifrig Briefe, die wir den Sherpas mitgeben wollen. Gleichzeitig geht auch eine Gruppe von Trägern südwärts zur indischen Grenze, um unsere zweite Staffel in Jogbani in Empfang zu nehmen und hierher zu geleiten.

Am frühen Morgen des 6. August gehen wir zum Platz unseres künftigen Standlagers, gefolgt von acht Sherpas, die die ersten Lasten dorthin tragen. Das Wetter ist plötzlich strahlend schön, und ich fühle mich in ausgezeichneter Form. Mittags wird es unglaublich heiß, wenn die Sonnenwärme von den Eistürmen ringsum reflektiert wird. Von Lingtren und Pumori rauschen große Neuschneelawinen herab.

Gegen Ende des Monats wollen wir bei etwa 5350 Meter das Standlager beziehen. Bis dahin sieht unser Programm folgendermaßen aus: An allen ungeraden Tagen gehen die Sherpas talabwärts nach der Alp Tukla, um Brennholz zu holen; an allen geraden Tagen tragen sie Lasten zum Standlagerplatz. Die Vorarbeit für den Angriff auf den Lhotse kommt allmählich in Schwung.

Der Khumbu-Eisfall

Am 30. August sind wir nach dem Standlager übersiedelt. Wir leben also jetzt auf etwa 5350 Meter. Trotzdem schlafen wir alle ausgezeichnet. Diesmal können wir mit unserer Akklimatisation zufrieden sein.

Heute, am 31. August, verbringen wir den größten Teil des Tages damit, sämtliche Lebensmittelkisten auszupacken und die Einheiten für die verschiedenen Hochlager zusammenzustellen und zu signieren. Es schneit leicht; trotzdem bauen unsere Sherpas sofort, nachdem sie ihre Lasten abgelegt haben, an den Plattformen für die Zelte. Ich filme die Leute bei der Arbeit. Eine riesige Lawine rauscht vom Nuptse herab. Ich kann gerade noch das Ende dieses gewaltigen Schauspieles mit meiner Kamera festhalten. Nun steht das große Messezelt, und das Nachtessen beim Schein der Benzinlampe kommt uns ganz heimelig vor. Im Lager ertönen die fröhlichen Stimmen und das Lachen der Sherpas; wir hören die Blasebälge in den beiden Küchen und das Murmeln der zwei uns umschließenden Gletscherbäche. Nachts donnern die Lawinen.

3. September: 20 Zentimeter Neuschnee. Unseren Ausflug in den Khumbu-Eisfall müssen wir auf morgen verschieben. Beide Küchendächer sind unter dem Gewicht des Schnees eingestürzt; die Aluminiumstangen sind gebrochen. Ich muss Leute hinunterschicken, um starke Holzstangen zu besorgen.

5. September: Um 5 Uhr stehe ich auf und wecke die Kame-

raden. Der Pumori strahlt noch im Mondlicht. Wir folgen der Route, die wir gestern im tiefen Neuschnee gespurt haben, und gelangen links von den Eistürmen in einer knappen halben Stunde bis zu dem Punkt, den wir gestern erst nach eineinhalb Stunden erreicht haben. Weiter oben seilen wir uns an. Obwohl es noch kühl ist und wir noch lange nicht in die Sonne kommen, ist der Schnee bereits grundlos. Um 10:15 Uhr erreichen wir die erste Stufe des Eisfalles, etwa dort, wo 1952 Lager 2 stand. Hier ist es schon unerträglich heiß. Ich sichere Ernst, der eine breite, von riesigen Eistrümmern gefüllte Kluft überschreitet. Auf der anderen Seite angelangt, erklettert er eine kleine Eiswand und richtet sie für die beladenen Träger her. Nachdem wir uns vergewissert haben, dass auch die nächste Strecke keine unüberwindlichen Schwierigkeiten bietet, machen wir Mittagsrast und treten dann den Heimweg an. Für ein Stück, das 1953 bei den Briten vier Tage gekostet hatte, haben wir nur fünf Stunden gebraucht. Morgen wird ein Rasttag eingelegt, und übermorgen werden wir Aluminiumleitern und Holzbrücken hinauftragen lassen.

7. September: Wir brechen schon bald nach 5 Uhr auf und sind um 7:30 Uhr bei der Spalte, die Ernst hergerichtet hat. Sie ist jetzt auch für unsere schwer beladenen Leute gut zu begehen, wenn auch der Blick in die blaugrüne Tiefe eindrucksvoll bleibt. Dann geht es weiter durch brusttiefen Schnee, Stunde um Stunde. Immer wieder filme ich: Ernst, Erwin und Pemba, wie sie sich zwischen Eistürmen und über Steilhänge aufwärtswühlen, und die Sherpas mit den Aluminiumleitern und Holzbrücken. An meinem Seil habe ich Ang Dawa und Da Thundu. Eine besonders breite Kluft überschreiten wir mit Hilfe der Aluminiumleiter, die wir dann durch eine Holzbrücke ersetzen. Die drei Sherpas, die damit ihre Last losgeworden sind, helfen der anderen Gruppe noch für ein gutes Stück Weg, dann lasse

ich sie absteigen. Die Spurarbeit ist hart. Sobald die Sonne in den Gletscherbruch scheint, wird es unmenschlich heiß. Über unzählige Riesenspalten, zwischen drohenden Séracs, über Steilhänge mit grundlosem Sulzschnee aufsteigend, nähern wir uns dem „Tal des Schweigens". Gegen 12 Uhr machen wir ziemlich erschöpft eine Mittagsrast.

Der Nachmittag stellt uns noch vor eine schwierige Aufgabe: die Fortsetzung der Route bis zum ehemaligen Lager 3 bei etwa 6150 Metern. Erwin bewährt sich wieder einmal als hervorragender „Pfadfinder". Nach insgesamt nur 14-stündiger Arbeit haben wir unser Ziel erreicht und die Route für die Sherpas gut vorbereitet und markiert. Wir sind sehr froh darüber, stellen zwei kleine Zelte auf, in denen schon allerlei verstaut wird, und machen uns dann bei einsetzendem Schneetreiben an den Abstieg. Wenn die Sherpas auch im Allgemeinen gut gehen, so haben sie doch von Seilhandhabung und Sicherungstechnik keine Ahnung. Manche Spaltenübergänge sind recht ungemütlich, zumal wenn man als Letzter geht und die Vordermänner die Stufen verdorben haben oder eingebrochen sind.

In den nächsten Tagen schneit und regnet es viel. Wir beschäftigen uns mit allerlei vorbereitenden Arbeiten, stellen Lasten zusammen, verbessern die Route. Da es immer wieder heftig schneit, müssen wir die Route ständig neu spuren. An einigen Stellen können wir die Trasse noch verbessern, so dass die Sherpas voller Freude versichern: „rasta ramro" – wirklich guter Weg. Allerdings macht uns die große Strömungsgeschwindigkeit im Eisfall viel zu schaffen. Eine Spalte verbreitete sich so stark, dass die Aluminiumleiter beinahe hineingefallen wäre. Wir müssen die Enden ausgraben und ein Stück ansetzen. Erwin hat sich für diese Arbeiten im Gletscherbruch seine Kurzskier mitgenommen. Wo es irgendwie geht, schnallt er sie an – der erste Skifahrer im Westkar!

Am 16. September treffen im Laufe des Vormittags die Mannen der zweiten Staffel ein: Arthur Spöhel und Bruno Spirig aus der Schweiz und die drei Amerikaner Fred Beckey, George I. Bell und Richard McGowan. Bei Schneetreiben zahlen wir die Träger sofort aus. Dann sitzen wir zu neunt – denn auch unser nepalischer Verbindungsoffizier Gaya Nanda Vaidya ist nun wieder bei uns – etwas beengt, aber fröhlich in unserem Messezelt zusammen und haben uns viel zu erzählen.

18. September: Aufbruch um 5:30 Uhr. Ich schlage ein langsames, gleichmäßiges Tempo ein; aber am Gletscherbruch angekommen, lasse ich Spöhel und Spirig vorausgehen. Da sie noch nicht akklimatisiert sind, sollen sie selbst das Tempo bestimmen. Bereits um 9:20 Uhr sind wir bei unserem Lager 1 (6150 m), das 1952 Lager 3 war. Dann erkunden Spöhel und ich den Weg bis zur letzten großen Querspalte, wobei wir weit nach links ausholen müssen, fast bis zum Hängegletscher, der von der Everest-Westschulter herabfließt. Aber wir finden über die gefürchtete große Kluft einen guten Übergang; nur eine Aluminiumleiter muss hier gelegt werden. Damit ist der Weg ins Westbecken offen. Sehr zufrieden mit diesem Erfolg kehren wir zum Lager 1 zurück, essen, fotografieren und steigen dann ab. Die Hitze ist jetzt fürchterlich.

22. September: Erwin Schneider und Bruno Spirig verlassen das Standlager schon um 4 Uhr morgens, um wennmöglich noch vor dem Erscheinen der Sonne von Lager 1 auf Skiern abzufahren. Und tatsächlich – sie schaffen es. Um 9 Uhr starten sie dort oben, und schon um 10 Uhr sind sie am Fuße des großen Eisfalles angelangt. Mit Ausnahme des obersten Steilhanges und einer 30 Meter langen Strecke haben sie den ganzen Eisbruch durchfahren, wobei sie stets darauf achteten, die Anstiegsroute nicht zu benützen, sondern höchstens gelegentlich einmal zu queren. Wenn man daran denkt, dass der berühmte

Sirdar Ang Tharke seinerzeit Tensing gesagt hatte, es werde niemals gelingen, Lasten durch diesen furchtbaren Gletscherbruch in das Westbecken zu bringen, dann wird man verstehen, dass wir auf diese wohlgelungene Skiabfahrt unserer Kameraden stolz waren. Heutzutage würde so etwas an die große Glocke gehängt und sicherlich im „Buch der Rekorde" eingetragen werden!

Lhotse: Der erste Angriff

Nachdem der Khumbu-Eisfall bewältigt und der Weg ins Westbecken offen ist, geht es durch das „Tal des Schweigens" nach dem Platz, wo 1952 und 1953 Lager 4 gestanden hatte, das vorgeschobene Standlager. Dort errichten wir unser Lager 2 (etwa 6500 m). Jetzt, in der ersten Oktoberwoche, schneit und stürmt es fast täglich. Jeden Tag hoffen wir, dass dies nun die letzten Zuckungen des Monsuns seien. Der ständige Neuschnee bereitet uns unendliche Mühe, weil täglich neu gespurt werden muss; jede Nacht fallen 30 oder 40 Zentimeter frischer Schnee.

In dieser Woche, in der wir unter größten Strapazen Tag für Tag in oft hüfthohem Neuschnee den Lastentransport für die oberen Lager durchführen, erkrankt George Bell im Lager 2. Es scheint nur eine Erkältung zu sein, aber er fiebert hoch, und wir wissen aus Erfahrung, dass in solchen Fällen immer eine Lungenentzündung droht, was in großer Höhe unmittelbare Lebensgefahr bedeutet. Darum drängen wir darauf, dass er ins Standlager zurückkehrt, wo sich sein Zustand auch tatsächlich bald bessert. Auch McGowan fällt vorläufig für uns aus, da er die Höhe noch nicht verträgt und sich nur langsam akklimatisiert. Es ist ein Glück, dass unsere Ultrakurzwellen-Funkgeräte von Lager zu Lager meist recht gut funktionieren, was die Organisation dieser schwierigen und durch die häufigen Schneestürme behinderten Vorbereitungen wesentlich erleichtert.

Am 7. Oktober ist es so weit, dass wir unser Lager 3 bei etwa 7000 Meter errichten können. Wir brechen zeitig von Lager 2 auf; im Tal liegen die Wolken, aber hier ist es zunächst noch klar. Spöhel geht voraus, dann ich und als Letzter Ernst Senn, da er an der Spitze ein allzu rasches Tempo vorlegen würde. Wir nähern uns der Lhotse-Flanke; die kleine Moräne, wo Mingma Dorje im Herbst 1952 begraben wurde, bleibt links.

Nun liegt der Bergschrund unterhalb des Genfer Sporns bereits unter uns und auch der Lagerplatz 5 von 1952. Der schöne Pumori jenseits des Standlagers überhöht uns nicht mehr sehr viel.

Auf der ersten großen Terrasse des Lhotse-Gletschers queren wir nach links. Hier kam vor ein paar Tagen eine Lawine herunter, die unser Depot von Zelten und Sauerstoff-Flaschen verstreute; bis auf ein Eisbeil konnte jedoch alles wiedergefunden werden. Nun erstellen wir Lager 3 (knapp 7000 m) zwischen zwei großen Spalten, vor Eislawinen geschützt. Die mächtige obere Kluft würde alle Brocken verschlucken. Als die Zelte glücklich stehen und auch die Luftmatratzen und Schlafsäcke eingeräumt sind, verabschieden sich unsere sieben Sherpas und kehren nach Lager 2 zurück. Senn, Spöhel und Pemba gehen am frühen Nachmittag auf Erkundung, aber nach einer halben Stunde sind sie schon wieder zurück. Am linken Rande des Lhotse-Gletschers brach vier Meter über Senn ein Schneebrett los. Er konnte sich noch auf sicheren Boden retten. Auch Spöhel stand auf festem Grund. Nur Pemba wurde mitgerissen; doch die zwei Sah'bs konnten seinen Fall sofort aufhalten. Da nun obendrein heftiger Schneefall einsetzte, stiegen sie nach Lager 3 ab. Und wir hatten gedacht, der Monsun wäre endgültig vorbei!

Wir sind uns darüber einig, dass unser nächstes Lager wenn möglich auf die oberste Terrasse des Lhotse-Gletschers gestellt werden soll. Falls die Schneeverhältnisse gut sind, wollen Senn und Spöhel versuchen, von dort aus den Lhotse ohne ein weiteres Zwischenlager zu erreichen. Zwei Sherpas sollen sechs Flaschen Sauerstoff bis zum Einstieg in das große Couloir tragen, damit die Gipfelmannschaft dort einen frischen Sauerstoffvorrat findet. Doch noch sind wir nicht so weit. Zunächst gilt es, die Eiswand oberhalb von Lager 3 mit Haken und Fixseilen so weit vorzubereiten, dass sie auch von Lasten tragenden Sherpas begangen werden kann.

8. Oktober: Um 9:30 Uhr brechen Senn und Spöhel mit einigen Sherpas von Lager 3 auf. Bald sind sie über den Steilhang und die linke Kante des Lhotse-Gletschers verschwunden. Ich filme und fotografiere schöne Wolkenstimmungen. Das Leben als Einsiedler in 7000 Meter Höhe macht mir zunächst noch Freude. Gegen 4 Uhr kommen die ersten Sherpas zurück, sichtlich müde, aber sehr zufrieden mit der Route und dem bergsteigerischen Können ihrer Sah'bs. Ang Dawa war noch nie so hoch; er überreicht mir einen Zettel von Senn: „Wir haben um 15 Uhr Lager 4 (7500 m) erreicht – ohne ein Gramm Sauerstoff. Der Weg ist gut, besonders morgens, solange alles gefroren ist. Ich habe die ganze Strecke gespurt, obwohl Spöhel mir mehrmals Ablösung anbot. Der Schnee ist teils Pulver, teils Bruchharsch, immer mindestens bis zu den Knien." Wie Ernst Senn in nur einem Tag die ganze Lhotse-Flanke gangbar gemacht hat, das ist schon großartig!

9. Oktober: Es ist so kalt und windig, dass ich die Sonne abwarten will. Um 10 Uhr breche ich mit mehreren Sherpas auf, um weitere Lasten nach Lager 4 zu bringen. Ich gehe mit Sauerstoff und kann ein gutes Tempo halten. Die Spur ist allerdings fast völlig verweht, und an zwei steilen Stellen sind die Stufen nicht mehr sichtbar, so dass ich neue schlagen muss. Um 13:30 Uhr haben wir es geschafft und werden von Senn und Spöhel,

die vorsorglich Getränke bereitet haben, herzlich willkommen geheißen. Die Sherpas stellen weitere Zelte auf. Nachmittags habe ich tadellose Funkverbindung mit Lager 2 und kann die weiteren Dispositionen treffen. Dann bereite ich mein Zelt für unser gemeinsames Nachtessen vor. Nachher sitzen wir noch eine Weile bei heißem Tee beisammen. Nach all den vielen Monaten in Nepal kommt es mir ganz unwirklich vor, dass wir endlich so weit sind, den Angriff versuchen zu können. Wir sind voller Zuversicht, obwohl der Lhotse sicher einer der schwersten Achttausender ist.

Meine erste Nacht auf 7500 Metern. Ich bin sehr angenehm überrascht, dass ich mich ausgesprochen wohl fühle und zum Schlafen keinen Sauerstoff brauche. Noch ist es windstill; ein klarer Sternenhimmel spannt sich über Everest, Lhotse und ihre Trabanten.

10. Oktober: Es ist kalt und windig, aber ganz klar. Nachdem wir im engen Zelt gefrühstückt haben, ist die Spitzengruppe um 8 Uhr zum Abmarsch bereit. Langsam geht sie aufwärts und ich filme sie, so gut es bei der Kälte und dem Wind mit den steifen Fingern geht. Um 9:30 Uhr nehme ich Funkverbindung mit Lager 2 auf, denn von dort aus können Beckey und Spirig den Fortschritt unserer Kameraden mit dem Fernglas beobachten. Sie kommen nur sehr langsam vorwärts, so dass der Gipfel heute nicht erreicht werden kann. Tatsächlich sind sie gegen 14 Uhr wieder im Lager 4. Sie berichten: Auch die Sherpas sind nur langsam vorwärtsgekommen, so dass sie nur bis in eine Höhe von etwa 7800 Metern gelangten. Die Hauptschwierigkeit bestand in Steilhängen mit knietiefem Pulverschnee oder Bruchharsch, auch war die Schneebrettgefahr ziemlich groß. Die Verhältnisse sind ganz winterlich, trotzdem sind beide in tadelloser Verfassung. Man muss eben ein Lager 5 auf der höchsten Lhotse-Terrasse aufstellen. Bei den derzeitigen Verhältnissen

ist es vom jetzigen Lager 4 bis zum Gipfel für einen Tag einfach zu weit.

11. Oktober: Die ganze Nacht tobt der Schneesturm, die Zelte sind auf der Bergseite vollkommen zugeweht, man kann sich kaum rühren. Die Sherpas sind so unlustig, dass sie heute überhaupt nicht aufstehen wollen. So schaufeln wir unsere Zelte selbst aus, ehe sie vom Schnee eingedrückt werden. Der Sturm zerrt an den Leinen, der Schnee prasselt gegen die Zeltwände. Als wir abends beim Essen eng beisammensitzen, sprechen wir – wie schon so oft – von unseren Frauen, unserem Leben daheim und von gut ausgestatteten Badezimmern. Der Gedanke an ein heißes Bad überwältigt uns geradezu.

12. Oktober: Das Wetter bleibt so unfreundlich, dass es nicht einmal möglich ist, den Lastentransport von Lager 2 und 3 wieder in Gang zu bringen. Die Stimmung ist etwas bedrückt, denn wenn die Sherpas auch morgen nicht aufsteigen können, sind wir tatsächlich gezwungen, nach Lager 2 abzusteigen und uns für einen späteren Angriff umzugruppieren. Die nahenden Winterstürme machen uns Sorge.

Mit viel Mühe gelingt es am 13. Oktober, einige Lasten heraufzubringen.

14. Oktober: Ich hatte eine sehr schlechte Nacht, starke Kopfschmerzen, Magen- und Darmstörungen. Anscheinend bekommt auch mir der lange Aufenthalt in 7500 Meter Höhe nicht. Aber heute ist endlich das Wetter besser, es ist sogar beinahe windstill. Senn und Spöhel brechen mit vier Sherpas auf, um das neue Lager 5 (etwa 7700 m) zu errichten. Um 16:30 Uhr meldet mir Senn durch Funk, dass alles in Ordnung sei, er hoffe auf einen schönen, windstillen Tag für den morgigen Gipfelangriff.

15. Oktober: Die Nacht ist ziemlich ruhig. Um 9 Uhr spreche ich mit Fred Beckey in Lager 2, der wieder den Aufstieg mit

dem Glas beobachten kann: „Senn voraus, 20 Meter dahinter Spöhel, dann die zwei Sherpas. Alles scheint in Ordnung zu gehen."

10 Uhr: „Oberhalb des ‚Gelben Bandes' haben sie haltgemacht, als ob sie etwas suchten."

11 Uhr: „Nur einer steigt auf, die anderen drei sind immer noch am gleichen Ort."

12 Uhr: „Senn steigt weiter auf, allerdings sehr langsam. Die anderen sind im Abstieg."

Gegen 14 Uhr nähern sich zwei Mann meinem Lager 4. Es sind Spöhel und ein Sherpa. Für beide habe ich Getränke vorbereitet. Bald höre ich die traurige Geschichte: Zunächst ging alles gut, obgleich die beiden Sah'bs in ihrem engen Zelt kaum Schlaf gefunden hatten. Trotz der großen Kälte brachen sie um 7:30 Uhr auf; die Sherpas gingen ausgezeichnet. Oberhalb des „Gelben Bandes" suchten sie nach den dort deponierten acht Sauerstoff-Flaschen, aber infolge der starken Schneeverwehungen der letzten Tage blieben diese unauffindbar, trotz einstündiger Sucharbeit. Doch Ernst Senn konnte den Gedanken nicht ertragen, wieder aufzugeben, und wollte es nun im Alleingang versuchen. Spöhel gab ihm seine unbenützte Flasche, so dass Senn nun drei frische Sauerstoffzylinder besaß. Aber die Schneeverhältnisse waren so schlecht und er selbst durch die Strapazen der letzten Zeit so mitgenommen, dass er sich noch vor dem Einstieg in das Couloir – bei etwa 8100 Meter – zum Rückzug entschließen musste.

Spöhel ist ziemlich deprimiert abgestiegen; aber Senn wollte oben im Lager 5 bleiben, um vielleicht doch noch einen dritten Besteigungsversuch zu unternehmen. Auch Spöhel ist dazu bereit, aber ich als verantwortlicher Expeditionsleiter muss mich doch fragen, ob sie nach diesen schweren Wochen zwischen 7500 und 7800 Metern noch die erforderliche Spannkraft haben. Soll ich jetzt schon die zweite Mannschaft einsetzen? Auch ich spüre bereits den Kräfteverfall sehr deutlich, und von unseren Sherpas sind mehrere krank und müssen ins Standlager hinuntergeschickt werden. Ehe wir an einen dritten Angriff denken können, müssen frische Sauerstoff-Flaschen, Proviant und Brennstoff heraufgebracht werden.

Winterstürme

In der Nacht zum 17. Oktober und den ganzen folgenden Tag wütet ein wilder Sturm. Dass die Zelte bisher standgehalten haben, ist ein Wunder, aber nun hat das Sherpazelt einen großen Riss. Die Verbindung zu Lager 5 ist unterbrochen, obgleich es dringend nötig wäre, Ernst Senn allerlei, was er braucht, hinaufzuschicken. Auch bei uns in Lager 4 wird es knapp, und unser Nachtessen ist recht bescheiden. Bald muss ich meine letzte Kerze anzünden. Wo bleibt nur in diesem Jahre die Schönwetterperiode nach dem Monsun?

Eine Sturmnacht folgt der anderen, auch die nächste Nacht ist entsetzlich. Ich habe Schlaftabletten genommen und kann doch kein Auge zutun. Auch der Morgen bringt keine Besserung. Trotzdem erklären sich vier Sherpas bereit, Sauerstoff, Benzin und Proviant zu Senn nach Lager 5 hinaufzutragen; aber während sie sich fertig machen, verschlimmert sich das Wetter derart, dass ich ihnen durch den heulenden Sturm zubrüllen muss, sie sollten in ihrem Zelt bleiben.

So vergeht ein weiterer Tag. Zum Nachtessen haben wir nur noch eine Bouillon, unsere Kerzenstümpfchen müssen wir bald löschen, um noch eine winzige Reserve zu haben. Die nächste Nacht ist die wildeste von allen bisher. In den grauen Morgenstunden fasse ich den Entschluss, morgen nach Lager 2 abzusteigen, bevor ich hier oben in dem pausenlos rüttelnden Zelt und im Toben des Sturmes noch den Verstand verliere. Auch

Senn und Spöhel sollen absteigen; wir sind an der Grenze dessen, was ein Mensch aushalten kann.

19. Oktober: Durch unser Funkgerät höre ich von Spirig, dass drei Sherpas mit Lasten zu uns unterwegs sind. Auch Methan bringen sie mit, so dass wir wieder Schnee schmelzen und kochen können. Obwohl der Sturm anhält, macht sich Spöhel mit sieben Sherpas bereit, mit Sauerstoff und anderen Lasten nach Lager 5 aufzusteigen. Viel Lust hat keiner, aber es muss sein.

Gegen 13 Uhr höre ich plötzlich das Knirschen von Steigeisen. Es ist Ernst Senn, der nach fünf einsamen, sturmumtobten Nächten in Lager 5 (7700 m) endlich heruntergekommen ist. Ich öffne sofort mein Zelt und ziehe ihn herein. Er ist gänzlich „fertig", körperlich und auch mit seinen Nerven. So lange dort oben auszuhalten, das hätten nicht viele gekonnt! Nun bedeutet mein Zelt – sturmgeschüttelt und wahrhaftig kein wohnlicher Ort – schon eine Sicherheit, es ist ein Mensch da, ein Freund, mit dem er sprechen kann. Da treten diesem eisenharten Mann plötzlich Tränen der Entspannung und Rührung in die Augen.

Ich bereite schnell heiße Limonade für ihn zu, und allmählich erholt er sich und erzählt: Nach vier einsamen Nächten dort oben hatte er versucht, abzusteigen, aber es war ihm in dem wilden Sturm nicht gelungen, aus seinem kleinen Gipfelzelt herauszukommen, der Eingang war völlig verweht. Heute Vormittag riss der Sturm die eine Seite des Zeltes ganz auf, so dass ihm keine Wahl mehr blieb. In dieser entsetzlichen Lage musste er sein Material zusammensuchen, seine Steigeisen anschnallen und den Weg nach Lager 4 durch das Toben der Elemente und über die Eiswände des obersten Lhotse-Gletschers hinunter finden.

Später treffen Spöhel und die Sherpas ein; sie haben die Lasten bei Lager 5 abgelegt. Wir drei Sah'bs hocken bei zunehmender Dunkelheit in meinem Zelt, der Sturm ist zum Orkan angewachsen, der Schnee prasselt an die Wände unserer winzigen Behausung in dieser weißen Hölle. Morgen wollen wir versuchen abzusteigen.

20. Oktober: Die Nacht war fürchterlich. Erst gegen Mittag sind wir zum Abstieg bereit, denn es dauert lange, bis wir in dem engen Raum, den uns der lastende Schnee in den Zelten gelassen hat, unser Material zusammengepackt haben. Jeder trägt einen schweren Rucksack, auch unsere drei Sherpas haben große Lasten. Die Steigeisen werden angelegt, wir seilen uns an, ein letzter Blick auf unsere verlassenen Zelte – los! Sehen kann man überhaupt nichts. Die Route ist schwer zu finden, der Sturm droht uns aus den Stufen zu heben. Beim Warten auf die langsamer gehenden Sherpas erstarrt man fast. Endlich tauchen sie auf.

Plötzlich rutscht der in der Mitte gehende Chotare aus, überschlägt sich und rutscht kopfüber den Steilhang hinab. Chowang, der Letzte, wird mitgerissen, überschlägt sich infolge seiner schweren Last ebenfalls und saust dem Abgrund zu. Phu Dorje hat geistesgegenwärtig den Pickel eingerammt, das Seil herumgelegt und – er kann den Ruck abfangen. Spöhel und ich eilen zu Chotare hinüber, der uns am nächsten mit dem Kopf nach unten hängt und leise stöhnt. Mit vereinten Kräften gelingt es uns, ihn von seiner Last zu befreien und wieder auf die Beine zu stellen.

Es braucht eine Weile, sich von diesem Schock zu erholen. Aber Chowang ist unverletzt. Wir überlegen: Die Sicherheit von Lager 2 wäre schön, aber die Gefahr, bei einer Fortsetzung des Abstiegs bei diesem Wetter ein Schneebrett abzutreten, ist allzu groß. Also wieder hinauf, trotz Sturm, schweren Rucksäcken und dem Widerstand der Sherpas. Glücklich oben, bin ich kaum noch fähig, mir die Steigeisen abzuschnallen. So ernst unsere Lage auch ist, in unseren Zelten fühlen wir uns halbwegs geborgen.

21. Oktober: In der Nacht hat der Schneesturm mein Zelt halb eingedrückt, die Aluminiumstangen knirschen verdächtig. Aber heute Morgen ist es endlich einmal klar, also beeilen wir uns mit dem Packen unserer Sachen. Sobald gegen 10 Uhr die Sonne wenigstens eine Illusion von Wärme vermittelt, brechen wir auf. Sehr langsam und vorsichtig bewegen wir uns abwärts, wir sind zu Tode erschöpft und der Sturm versucht immer wieder, uns aus den Stufen zu werfen. Es dauert eine Ewigkeit, bis wir das fixe Seil am letzten Steilhang erreichen, dann die Traverse nach links, ein Sprung mit fast versagenden Beinen über eine gewaltige Spalte, und wir sind im Lager 3! Spirig und Beckey empfangen uns, die Sherpas sind rührend bemüht, uns behilflich zu sein. Wir fühlen uns wie aus dem Jenseits zurückgekehrt. Ich glaube kaum, dass unsere Kameraden hier „unten" sich vorstellen können, was wir in diesen langen Tagen und Nächten dort oben durchgemacht haben.

Nun wollen Spirig und Beckey hinauf, während wir weiter absteigen. Die Sonne ist schon lange hinter dem Nuptsegrat verschwunden, als wir taumelnd in Lager 2 anlangen. Ich bin gerührt und voll Bewunderung, als Chowang und Pemba, die schon viel durchgemacht haben, sich freiwillig dazu melden, morgen nach Lager 5 aufzusteigen und Sauerstoff zum Eingang in das Couloir zu deponieren. Prächtige Burschen! Dann versinken wir in Schlaf, traumlosen Schlaf, ohne vom Sturm wachgerüttelt zu werden.

22. Oktober: Frühstück im Schlafsack, die Sonne wärmt das Zelt, das Leben ist herrlich! Nach elf Uhr sehen wir sieben Punkte, die von Lager 3 aufsteigen. Sie gehen ein gutes Tempo, doch sind sie erst gegen 16 Uhr in Lager 5. Endlich einmal ein schöner und beinahe windstiller Tag, wie wir ihn uns für den

Gipfelangriff erträumt hatten. In Lager 5 stehen jetzt drei Zelte, ein großes für die zwei Sah'bs, eines für Pemba und Chowang, und das zerfetzte, nicht mehr brauchbare von Senn. Die anderen Sherpas gehen nach Lager 3 zurück.

23. Oktober: Früh sehen wir zur Lhotse-Flanke hinauf, aber es rührt sich nichts, nur der Wind fegt den Schnee über die Grate und Flanken. Um 9 Uhr spreche ich mit Lager 5: Die Nacht war sehr stürmisch und auch jetzt weht es noch so stark, dass sie im Lager bleiben müssen. Doch wollen sie noch den nächsten Tag abwarten. Ich lasse nun den wiederhergestellten George Bell nach Lager 4 (7500 m) und McGowan nach Lager 3 gehen, damit jedes Lager mit einem Sah'b besetzt ist. An den Graten hängen riesige Schneefahnen, es sieht für morgen nicht sehr vielversprechend aus. Sind die Monsunstürme in diesem Jahr wirklich ohne Unterbrechung in die Winterstürme übergegangen?

24. Oktober: Wieder spreche ich um 9 Uhr mit Lager 5. Der Sturm tobt derartig, dass niemand schlafen konnte. Alle sind vollkommen erschöpft, auch hält Spirig es für ganz unmöglich, bei dieser Kälte die Sauerstoff-Flaschen auszuwechseln. Mit dem Dräger-Gerät kann man nur mit eineinhalb Stunden pro Flasche rechnen, so dass man mit dem Dreiflaschengerät bereits nach viereinhalb Stunden Ersatz braucht. Also bin ich dafür, die Lhotse-Flanke aufzugeben und alle Lager zu räumen.

Kurz vor 13 Uhr bemerke ich acht Mann im Abstieg, vier von Lager 5 nach 4 und die andere Vierergruppe von Lager 4 nach 3. Also haben sich alle zum Abstieg entschlossen. Merkwürdig ist nur, dass alle Zelte noch stehen, was gar nicht nach einer Räumung aussieht. Allerdings habe ich der Spitzengruppe auf ihren Wunsch freigestellt, noch einen Versuch zu unternehmen, falls sie glaubt, ihn verantworten zu können.

Plötzlich kommt es mir so vor, als ob in der oberen Gruppe

nur noch drei Punkte zu sehen sind, unten zwei Sherpas am Seil und oben nur ein Sah'b. Dann sehen wir, wie dieser in großer Eile den Steilhang hinunterläuft, am Lager 4 vorbei und bis zu den beiden Sherpas, die ihre Lasten abstellen und sofort den Steilhang wieder hinaufgehen. Der vermisste Vierte wankt den Sherpas entgegen, diese nehmen ihn zwischen sich, geleiten ihn nach Lager 4 und bringen ihn in meinem alten Zelt unter. Was kann nur geschehen sein? Am meisten wundert uns, dass nun die übrigen drei nach Lager 3 absteigen. Wir sind sehr aufgeregt und wissen nicht, was wir davon halten sollen.

Im Laufe des Nachmittags treffen Bell und McGowan mit ihren Sherpas hier ein. Sie sind von einer bösen Nacht im Lager 4 vollkommen erschöpft. Am Morgen war das Sherpazelt zerfetzt, und seine Insassen lagen mitten im Schnee. Daher war niemand imstande, nach Lager 5 zu gehen, um bei der Räumung zu helfen. Am späten Nachmittag bekomme ich endlich Beckey ans Funkgerät. Er berichtet, dass Spirig nach einer schlechten Nacht und einer plötzlich eintretenden Schneeblindheit einen Schwächeanfall erlitten habe. Darum habe er die beiden Sherpas geholt, die ihn nach Lager 4 geleiteten. Ich mache Beckey Vorwürfe, dass er Spirig allein oben gelassen habe, das sei uns allen unverständlich.

Heute noch jemanden hinaufzuschicken, dazu ist es jetzt allerdings zu spät. Senn und ich sind uns rasch darüber einig, dass wir morgen in aller Früh aufsteigen wollen, um Spirig mit Hilfe der noch aktionsfähigen Sherpas abzutransportieren. Es ist eine schrecklich sorgenvolle Nacht.

25. Oktober: Wir nehmen Reserveseile und Zweiski-Verschraubung für einen Rettungsschlitten mit. Bereits um 8:30 Uhr sind wir in Lager 3. Es ist bitterkalt und meine Füße sind wie Eis. Wir müssen uns erst ein wenig erwärmen, bis es weitergeht, und diesmal ohne Sauerstoff, denn alle Appara-

te liegen ja oben in Lager 5. Der Sturm, der vom Everest über den Genfer Sporn hinwegfegt, erfasst uns mit voller Kraft, als wir zum Lager 4 aufsteigen. Dort sieht es trostlos aus, zerfetzte Zelte flattern im Wind, fast alles ist unter Flugschnee begraben. Aber ich kann gar nicht beschreiben, wie erleichtert ich bin, als ich durch das Heulen des Sturmes Bruno Spirigs Stimme höre. Er kann kaum sehen, hat sich die Augen verbunden und musste eine sehr kalte und einsame Nacht durchhalten, aber zum Glück hat er keine Erfrierungen.

So rasch wie möglich machen wir uns für den Abstieg bereit; alles, was wir bergen können, wird zusammengepackt und unter den Sherpas verteilt. Beckey führt Spirig an den steilen Stellen, während Senn ihn zusätzlich am ganz kurzen Seil hält. Ich gehe etwa zehn Meter weiter hinten als „Ankermann" bei einem etwaigen Sturz. Von Zeit zu Zeit muss gerastet werden.

Ein herrliches Gefühl von Erleichterung und Dankbarkeit erfüllt uns, als wir glücklich in Lager 3 angelangt sind. Hier setzen wir den Rettungsschlitten zusammen, Bruno wird warm eingewickelt und festgeschnallt, dann beginnt der mühselige Transport nach Lager 2. Zwei Mann gehen voraus und vier bis fünf halten den Schlitten zurück, was in den Steilstufen recht anstrengend ist. Weiter unten kommen uns Sherpas entgegen, so dass das letzte Stück in Windeseile zurückgelegt wird. Es war ein schwerer Tag, aber alles ist gut abgelaufen, und jetzt liegt Bruno Spirig wohl versorgt in seinem Zelt und erholt sich rasch. Die Lhotse-Flanke ist geräumt, wenn auch leider in Lager 5 viel wertvolles Material zurückbleiben musste. Aber was bedeutet das schon? Alle sind heil in Lager 2!

27. Oktober: Der letzte Tag im Westbecken. An allen Graten hängen kilometerlange Schneefahnen. So fällt uns der Abschied von diesem unwirtlichen Ort nicht schwer. Spirig ist schon voraus, dann treten auch wir mit unseren schweren Rucksäcken

den Abmarsch an. Der Khumbu-Eisfall hat sich in den letzten Wochen vollkommen verändert; stellenweise sieht es so aus, als sei er durch Bomben verwüstet worden. Aber alles geht gut, gegen 16 Uhr sind wir im Standlager, wo es warm und windstill ist. Natürlich sind wir über unseren Misserfolg am Lhotse traurig, und der Weg zurück ins Leben war recht beschwerlich. Aber die Freude, ohne Verluste wieder hier unten zu sein, lässt uns das beinahe vergessen. Das Leben ist wieder gut zu uns, wir sind von Dankbarkeit erfüllt.

AMERIKANISCHE

EVEREST-EXPEDITION

1963

Mit den Amerikanern
zum Everest

Nach meiner Rückkehr von der erfolgreichen Schweizer Dhau-lagiri-Expedition im Juni 1960 beschloss ich, bei der Regierung von Nepal um die Erlaubnis anzusuchen, eine amerikanische Expedition im folgenden Jahr zu leiten. Monate vergingen, und bald war es für 1961 zu spät. Das nächste Jahr war schon für eine indische Groß-Expedition reserviert. Also bewarb ich mich wieder für das Jahr 1963. Inzwischen war ich schon längst wieder zu Hause, und weitere Monate vergingen ohne irgend-welchen Bescheid aus Kathmandu.

Aber schließlich kam ein Brief an unsere Botschaft, datiert vom 10. Mai 1961, unterschrieben vom Chef des Protokolls im Auswärtigen Amt: „Ich bestätige dankend den Empfang Ihres Briefes vom 2. Mai 1961 mit Scheck für US$ 320.--, die Hälfte der Gebühren für Herrn Dyhrenfurths geplante Expedition zum Mount Everest im Jahre 1963. Bitte informieren Sie Herrn Dyhrenfurth hinsichtlich der endgültigen Genehmigung seines Gesuches durch die Regierung Seiner Majestät ..."

Jetzt blieben nur noch die Finanzierung, Organisation, Aus-wahl der Mannschaft und ein paar andere kleine Einzelheiten zu erledigen, wie zum Beispiel die wirtschaftliche Sicherstel-lung meiner Familie in der Zwischenzeit. Als Nick Clinch, Or-ganisator und Leiter der beiden erfolgreichen amerikanischen

Expeditionen zum Gasherbrum I und Masherbrum, seinen ersten starren Blick auf mein ursprüngliches Budget von 186.000,– US-Dollar für eine Mannschaft von 18 Leuten geworfen hatte, sagte er: „Norman, du bist total verrückt! So viel Geld wirst du hier niemals bekommen. Vergiss nicht, wir sind nicht in Europa oder Japan, sondern in den Vereinigten Staaten. Kein Schwein kümmert sich hier um Berge und Bergsteiger!" Nachträglich fügte er noch hinzu: „Wenn du diese Summe tatsächlich zustande bringst, brauchst du den Berg gar nicht erst zu besteigen. Dann verdienst du schon eine Medaille, nur weil du die Kohle aufgetrieben hast!"

Nun, die „Kohle" trieb ich tatsächlich auf, in zweieinhalb Jahren unablässiger harter Arbeit, in deren Verlauf das Unternehmen gewaltige Dimensionen annahm: Eine Mannschaft von 19 Amerikanern, einem Briten, einem nepalischen Verbindungsoffizier, 32 Sherpas und ein weitgespanntes Programm – bergsteigerisch, wissenschaftlich, fotografisch und filmtechnisch. Meinen langen, einsamen Kampf brachte der bekannte amerikanische Schriftsteller James Ramsey Ullman in seinem Werk „Americans on Everest" äußerst treffend auf den Punkt: „In unseren Vereinigten Staaten von Amerika ist die Beschaffung von Geldmitteln für eine Mount-Everest-Expedition kaum leichter als etwa die Finanzierung einer Karl-Marx-Statue vor dem Weißen Haus!"

Am 20. Februar 1963 setzte sich schließlich in Kathmandu eine kleine Armee von Trägern in Bewegung: 909 Lasten, durchschnittlich je 30 Kilo, also rund 27 Tonnen waren zu befördern! In Namche Bazar (3440 m), das wir am 7. März erreichten, wurden die nur spärlich ausgerüsteten Tamang-Träger ausgezahlt und durch Khumbu-Leute ersetzt. Zwei Tage später, bei heftigem Schneetreiben, waren wir im berühmten Klos-

AMERICAN
MT. EVERES
EXPEDITION
523
AMERICAN
MT. EVEREST
EXPEDITION

ter Tengpoche (3867 m). Der junge Abt, der als Wiedergeburt des verstorbenen Vorgängers hoch verehrt wird, empfing uns sehr freundlich und lud uns zum Essen ein. Als Gegenleistung machten wir eine größere Geldspende, und als Seine Heiligkeit über starke Zahnschmerzen klagte, zogen unsere Ärzte den allerschlimmsten von fünf infizierten Zähnen. Vor weiteren Extraktionen scheuten sie zurück, aus Angst vor einem allfälligen lamaistischen *Dorje* oder Donnerkeil!

Am 21. März wurde das Standlager (5425 m) errichtet, an einem früheren Termin und etwas näher dem Khumbu-Eisfall als bei allen bisherigen Expeditionen. Ich hatte im Vorfeld bei der nepalischen Regierung das Gesuch gestellt, außer dem Everest auch noch Lhotse (8516 m) und Nuptse (7861 m) angehen zu dürfen. Während des zunächst hoffnungslosen Kampfes um die Finanzierung – die Gesamtkosten der Amerikanischen Mount-Everest-Expedition beliefen sich auf 405.263,– US-Dollar, wobei alle Spenden (Ausrüstung, Lebensmittel, persönliche Dienstleistungen) richtig eingesetzt sind –, war dieser Gedanke einer dreifachen Besteigung nicht ohne Wert. Aber sehr viel wichtiger war die Option für den Westgrat, einem der letzten Probleme am Everest, über die allerdings zunächst gar nicht gesprochen werden durfte.

Erst während des Anmarsches, als wir ganz unter uns waren, fiel die Entscheidung, die Westschulter zu erkunden und gegebenenfalls den Westgrat zu versuchen. Für dieses Unternehmen – eines der größten im Himalaya überhaupt – war die gesamte Mannschaft einmütig begeistert. Trotzdem musste ich als verantwortlicher Leiter unbedingt an der bekannten Route über den Südsattel und Südostgrat festhalten. Daneben, wenn möglich gleichzeitig, sollte die Westgratroute angepackt werden. Eine Everest-Überschreitung war zwar theoretisch denkbar, aber mehr, als man hoffen durfte.

John Edgar Breitenbach

Am Morgen des 23. März brausten drei riesige Eislawinen über senkrechte Wandabbrüche zu Tal: eine vom Nuptse, eine andere von der Everest-Westschulter und eine dritte vom tiefsten Punkt zwischen Pumori und Lingtren in Richtung Standlager, ohne dieses jedoch ernstlich zu gefährden. Die Arbeiten im Khumbu-Eisbruch wurden fortgesetzt: Jake Breitenbach, Dick Pownall und Gil Roberts sowie die Sherpas Ang Pema und Ila Tsering suchten eine möglichst sichere Aufstiegsmöglichkeit durch das Labyrinth von riesigen Spalten und Eistürmen.

Gegen 2 Uhr nachmittags waren sie dem Depotlager auf 5850 Meter schon nahe, dicht unterhalb einer zehn Meter hohen Eiswand, an der die erste Gruppe ein Geländerseil befestigt hatte. Pownall, Ang Pema und Breitenbach bildeten eine Seilschaft, Roberts und Ila Tsering eine zweite. Pownall begann sich an der Wand hochzuarbeiten, gefolgt von Ang Pema, während Jake Breitenbach in einem engen Eisgraben wartete, bis er an der Reihe war. Gil Roberts und Ila Tsering standen ungefähr 12 Meter zur Seite. Und dann –

„Ich stieg eine Eisrippe hinauf", berichtete Dick Pownall, „die parallel zur Eiswand läuft und etwa drei Meter von ihr entfernt ist. Ich rief hinunter zu Jake, er solle Gil – der in guter Position war, um es zu beurteilen – fragen, ob es vielleicht eine bessere Route um diese böse Stelle herum gäbe; sie sah mir nicht geheuer aus. Es gab aber keine, und so gingen wir weiter.

Ich bat Jake, das Ende des fixen Seiles zu lösen, damit ich es mit dem Extra-Seil und einigen Eishaken besser in der Wand verankern könnte. Da gab es ein Geräusch, und alles unter, um und über uns begann sich zu bewegen. Da wir den ganzen Tag lang über ähnliches Terrain ohne irgendwelche Bewegung im Eis aufgestiegen waren, konnte ich es zunächst einfach nicht glauben. Dann aber wusste ich, dass ich fiel, und ich dachte: also so ist der Tod ... "

Und es war der Tod – nur nicht für Dick Pownall.

Auch Gil Roberts hörte das „Geräusch": Erst ein tiefgrollendes, ominöses Rumpeln, dann ein Donnern und Krachen, als ein Teil der Eiswand, „ungefähr so groß wie zwei übereinandergetürmte Eisenbahnwagen", herunterstürzte. Im nächsten Moment erfasste es ihn und schleuderte ihn rückwärts, worauf er zehn bis 15 Meter abrutschte. Aber er war nicht verletzt, und sein Seilgefährte Ila Tsering auch nicht. Nach einem lauten Hilferuf in Richtung Standlager stiegen sie zur Stelle auf, wo die drei anderen im Eisgewirr verschwunden waren.

Zuerst fanden sie Dick, beinahe verschüttet unter den Trümmern. Es war ein großes Glück, dass sein Kopf nicht getroffen worden war, aber über seiner Brust lag ein Eisblock, der nach Gils Schätzung beinahe eine halbe Tonne wog, und es bedurfte zehn Minuten Hackens mit Eispickeln, bis er befreit werden konnte. Bis jetzt gab es kein Zeichen von Jake Breitenbach oder Ang Pema. Dann aber hörte Gil ein leises Stöhnen unter dem Eis, und nach einigem Graben fanden er und Ila Tsering den vermissten Sherpa. Er war tiefer verschüttet als Dick, Beine nach oben, Kopf unten, und sein Rucksack war total verdreht und in seinen Nacken gerammt; aber nach weiteren 15 Minuten harter Arbeit konnte auch er freigelegt werden.

Damit aber war die Rettungsaktion beendet. Denn von Ang Pema führte das Seil, das ihn mit Jake Breitenbach verband, di-

rekt hinunter in das ehemalige enge Couloir unter der Eiswand, das nun die unterste Schicht der riesigen Eistrümmermasse war. Wiederholte Rufe blieben unbeantwortet – und nichts bewegte sich, als man mit vereinten Kräften am Seil zog. Es war auch nicht zu erwarten. Jake lag fünf bis zehn Meter unter Tonnen von Eisblöcken, und der einzige Trost für die anderen – wenn man es denn Trost nennen kann – war, dass sein Tod ganz unerwartet und im Bruchteil von Sekunden erfolgt war.

Dick Pownall war nicht ernstlich verletzt, aber er hatte Quetschungen und einen schweren Schock erlitten. Ang Pema war sehr viel schlechter dran; er blutete stark aus mehreren Kopfwunden und hatte eine verrenkte Schulter. Alle waren von dem Unglück benommen. Dennoch waren sie imstande, sich langsam den Eisbruch hinunterzubewegen, während sie von Zeit zu Zeit Hilferufe zum Standlager hin ausstießen.

Sowie ihre Stimmen unten gehört wurden, kam man ihnen sofort entgegen. Aber schon vorher waren die Männer im Standlager überzeugt, dass sich ein Unfall ereignet hatte, denn nur vier anstatt fünf dunkle Punkte hoben sich vom Eis ab. Und sie konnten auch erraten, wer fehlte, denn die absteigende Mannschaft machte keinen Gebrauch von ihrem Funkgerät, und sie wussten, dass Jake Breitenbach es getragen hatte. Als die Ersten die Unglücksgruppe erreichten, wurden ihre schlimmsten Befürchtungen bestätigt. Sofort teilte man sich in die Arbeit der Evakuierung auf. Einige halfen Dick Pownall. Jim Whittaker trug Ang Pema, der kaum noch bei Bewusstsein war, einen Teil der Strecke und übergab ihn dann einer Tragbahren-Mannschaft. Dann stieg er mit Willi Unsoeld und Lute Jerstad zur Unfallstätte auf. Eine Stunde lang hackten und gruben sie bei schwindendem Tageslicht in der Trümmermasse, die einmal die Eiswand gewesen war, aber auch sie konnten nichts finden. Jake Breitenbach war irgendwo in der weißen Einöde, und nur eine große Baggermaschine hätte seine letzte Ruhestätte bloßlegen können.

Zwei Tage lang ging niemand durch den Eisbruch. Die Expedition war erst an der Türschwelle zum Everest, und schon hatte er uns einen schweren Schlag versetzt – ein Leben war ausgelöscht – und an seinem Fuße, im Gletscher-Standlager, lag die Amerikanische Mount-Everest-Expedition bewegungslos, tief im Schock, und bemühte sich, ihren Weg zurück ins Leben und zu sinnvollem Streben zu finden. Glücklicherweise erwiesen sich Ang Pemas Verletzungen als nicht so schwer, wie sie zunächst ausgesehen hatten. Seine Schulter war wieder eingerenkt, seine Wunden genäht und verbunden, und nach einigen Tagen Ruhe war er wiederhergestellt. Auch Dick Pownall ging es besser, zumindest körperlich; aber er war tief deprimiert und durchlebte immer wieder jene schrecklichen Augenblicke in der Eiswand. Immer wieder stellte er sich die unbeantwortbare Frage: „Warum traf es Jake und nicht mich?" Und Gil Roberts hatte zwei Erinnerungen, die ihn Tag und Nacht verfolgten. Er war es, der beim Ausgraben von Ang Pema das Seil durchschneiden musste, das den Sherpa mit Jake verband; obwohl das Durchtrennen selbst die Möglichkeit – oder besser Unmöglichkeit – der Rettung nicht beeinflusste, konnte er doch nicht das Bild jenes Nylonseiles, das sich hinunter ins Eis und ins Unsichtbare verlor, von seinem inneren Auge lösen. Die zweite Erinnerung war die an ein Geräusch, das er hörte, als er und die anderen durch den Eisbruch hinunterstolperten: Da stoppte ihn plötzlich ein Laut von oben – ein Laut wie ein menschlicher Schrei. Einen Augenblick später sah er, woher der Schrei kam. Auf einem Eisblock saß die schwarze Silhouette eines Gorak, dieses großen krähenähnlichen Vogels, der die Grenzzone des Mount Everest bewohnt, und was Gil gehört hatte, war dessen unheimliches Krächzen. Auch wenn er wusste, dass es nur der Gorak war, der gerufen hatte, klang dessen Echo nach, ein dunkles, eisiges Echo, und es sollte viel Zeit vergehen, bis es verklungen war.

Am Tag nach der Tragödie hielten wir eine Untersuchung ab und prüften alle Umstände, die dazu beigetragen hatten. Die Aussagen der Beteiligten selbst und der Rettungsmannschaft wurden auf Tonband aufgenommen; ein offizieller Bericht wurde dann von der Expeditionsleitung über Funk nach Kathmandu gesandt – mit der Bitte, Jakes Frau und Eltern zu verständigen, bevor die Nachricht in den Medien bekannt gegeben würde. „Es war die einstimmige Meinung aller Teilnehmer an der Untersuchung", hieß es in diesem Bericht, „dass der Unfall, dem das Leben von John E. Breitenbach zum Opfer fiel, höherer Gewalt zuzuschreiben ist. Es konnte kein Zeichen von Fehlentscheidung, Nachlässigkeit oder inkorrektem Verhalten gefunden werden. Alle Anstrengungen waren gemacht worden, die objektiven Gefahren der Route so weit wie möglich auszuschalten, aber es ist eine unleugbare Tatsache, dass solche Gefahren beim Bergsteigen nie ganz beseitigt werden können."

Höhere Gewalt. Niemand war schuld. Das war alles richtig, aber trotzdem war Jake nicht mehr. So plötzlich – beinahe beiläufig. „Das Eis war völlig ruhig", sagte Willi Unsoeld: „Dann bebte es ein wenig – und dann war wieder alles ruhig." Und ein Leben war ausgelöscht.

Warum?

Warum war Jake an dieser Stelle, zu diesem bestimmten Zeitpunkt? Bei acht früheren Expeditionen hatten zig Bergsteiger Hunderte von Malen den Eisbruch auf- und abwärts durchquert – ohne einen einzigen Todesfall oder auch nur einen ernsthaften Zwischenfall. Im vergangenen Jahr, auf der tibetischen Nordseite des Berges, hatte eine Gruppe von tollkühnen, aber denkbar unerfahrenen Leuten – Woodrow Wilson Sayre und drei Gefährten – den Tod mehrmals herausgefordert, und dennoch waren sie lebend vom Everest zurückgekommen. Und hier war Jake, ein hocherfahrener Bergsteiger im Zenit seiner Laufbahn, Teil einer routinierten, hochtrainierten Mannschaft – und so drehten und drehten sich die Gedanken in einem fort. Das Schlimmste dabei war, dass das Geschehene vom menschlichen Standpunkt aus so sinnlos war. Barry Corbet, der Jakes Geschäftspartner in Jackson, Wyoming und von Kindheit an sein engster Freund gewesen war, fragte: „Warum zum Teufel müssen elf Jahre des Sich-gegenseitig-auf-der-Tasche-Liegens so wahnsinnig enden?" Und dann fuhr er auf in Schmerz und hilfloser Wut: „Was ist das für ein verdammter blöder Gentleman-Sport, der Menschen in den besten und glücklichsten Jahren ihres Lebens umbringt?"

Barry betrank sich an jenem ersten Abend, und Dick Pownall und Gil Roberts taten es auch. Die anderen Mitglieder der Expedition lagen schweigend in ihren Zelten, versuchten zu schlafen und krochen ebenso schweigend am nächsten Morgen wieder heraus. Wieder war es ein schöner Tag. Die Berge und der Eisbruch glitzerten in himmelragender Schönheit. Aber jetzt, mehr als jemals zuvor, war uns diese Schönheit verhasst: fühllos, grausam, sinnlos. Alles war wie am Tag vorher – wie am nächsten Tag, im nächsten Jahr, im nächsten Jahrhundert – und für immer. In dieser Welt hatte sich scheinbar nichts verändert. Überhaupt nichts.

In gewissem Sinne schien dies auch die Einstellung der meisten Sherpas zu sein, und das war einer der wenigen Fälle, wo wir Schwierigkeiten mit ihnen hatten. Sie schienen einfach nicht zu verstehen, warum wir so verstört und desorganisiert waren. Sie konnten nicht begreifen, warum wir das Leben so ernst nehmen, und manche von ihnen, vor allem die Älteren, murrten: „Warum machen die Sah'bs so viele Umstände?" Die meisten waren bereit, ihr normales Tagewerk zu tun. Eine Gruppe wählte sogar diesen Moment, um sich über gewisse Mängel in Nahrung und Kleidung zu beschweren, denn vieles war noch unterwegs zum Standlager. Mit Gombu als Dolmetscher musste ich sie schließlich zurechtweisen. Gleichzeitig versuchte ich ihnen die Gefühle der Expeditionsmannschaft zu erklären – ihnen verständlich zu machen, dass wir, die wir aus einem anderen Kulturkreis kommen und eine andere Religion haben, zum größten Teil nicht an Wiedergeburt glauben, und dass uns darum Leben und Tod mehr bedeuten. Dies einer Gruppe von ebenso frommen wie einfachen Buddhisten klarzumachen, war nicht leicht, aber Gombus Übersetzung meiner Ansprache schien einen gewissen Eindruck auf sie zu machen.

In der allgemeinen Gleichgültigkeit gab es jedoch eine bemerkenswerte und rührende Ausnahme: Am Tag nach dem Unfall fanden wir Jakes persönlichen Sherpa Nima Tenzing weinend in Jakes Schlafsack. Er war ganz untröstlich und fühlte sich schuldig, weil er nicht mit Jake im Eisbruch gewesen war.

Am 25. März, zwei Tage nach der Tragödie, begann sich die Mannschaft aufzuraffen. Es wurde noch nicht aufgestiegen; der Eisbruch blieb still wie das Grab, das er nun war. Aber wenigstens die normalen Tätigkeiten des Lagerlebens wurden wieder aufgenommen; Lasten kamen von unten herauf, Ausrüstungsgegenstände wurden sortiert und verteilt, und Vorbereitungen für den nächsten Vorstoß gemacht. Aber noch wichtiger – denn ohne dies wäre alles andere umsonst gewesen – war das innere Erwachen der Expedition aus ihrer Schockpsychose: die Überwindung von etwas, das geschehen und nicht mehr zu ändern war, die Wiederbesinnung auf ihre Aufgabe und ihr Ziel. „Wir haben begonnen, uns wieder zusammenzureißen", schrieb ich in mein Tagebuch, „und nun sind wir wieder eine Mannschaft, statt eine Anzahl kopfloser, deprimierter Einzelwesen."

Im Rückblick auf das Geschehene schrieb Willi Unsoeld an seine Frau Jolene in Kathmandu: „Jake war ein seltener Mensch. Lute und ich weinten wie Babys, weil wir ihn liebten, aber wenn er schon einmal sterben musste, so war es wenigstens ein schneller, gnädiger Tod. Wenn Jake selbst seine letzte Ruhestatt gewählt hätte, könnte sie nicht besser sein."

Barry Corbet, dessen Liebe zu den Bergen durch den Tod seines besten Freundes erschüttert, aber nicht gebrochen war, sagte – rückblickend und vorausschauend – schließlich ganz ruhig: „Das Einzige, was entscheiden wird, ob ich je wieder bergsteigen kann, ist die Frage, ob ich eine Route über Jakes Grab durch den Eisbruch legen kann."

Barry konnte es, und die anderen auch. Das Leben musste weitergehen. Und die Besteigung des Everest auch.

Der erste Angriff

Auf Grund meiner Erfahrungen von 1952 und 1955 war ich entschlossen, kein Lager im Khumbu-Eisfall haben zu wollen, und das war jetzt zwingender als jemals. Aber wie 1955 wurde es notwendig, bei etwa 5850 Metern ein bloßes Depot anzulegen. Das besorgten Al Auten, Barry Bishop, Barry Corbet und Dave Dingman mit zwölf Trägern am 24. März. Gleichzeitig verbesserten sie die Route, spannten neue Geländerseile, bauten Holzbrücken über die größten Schründe und stellten beim Depot ein kleines Zelt für Notfälle auf.

Der Durchbruch zum Oberrand des Eisfalles und damit zum Platz für Lager 1 (6160 m) gelang am 28. März Willi Unsoeld, Jim Whittaker, Lute Jerstad und Nawang Gombu. Das letzte Hindernis war eine gut 20 Meter hohe, senkrechte Eiswand, die quer durch den ganzen Gletscher lief. Es kostete drei Stunden harter Arbeit mit dem ganzen Raffinement der modernen Eistechnik – Eisschrauben, Flaschenzüge, Jümar-Steigklemmen und so weiter –, bis sie Einblick in das Western Cwm bekamen, das berühmte Westbecken zwischen Everest, Lhotse und Nuptse. Dann wurde die Eiswand gezähmt und auch für schwerbeladene Träger gangbar gemacht – durch das Anbringen von Aluminiumleitern, Fixseilen und geschlagenen Stufen, die Oberkante wurde sogar durch einen kleinen Tunnel durchbohrt.

Nun konnte mitten im „Tal des Schweigens" auch Lager 2 (6500 m) eingerichtet werden, das seit 1952 schon wiederholt als vorgeschobenes Basislager eine wichtige Rolle gespielt hat. Von dort aus wurde – zum ersten Mal – der Zugang zum Westgrat erkundet, wobei der gefährliche Gletscherbruch über Lager 2 auf seiner Ostseite umgangen wurde. Ein langer Quergang oberhalb dieses Eisfalles brachte uns dann an den Fuß der ungeheuren Schneehänge, die zur Westschulter (7300 m) führen. Unterwegs musste ein Depot angelegt werden, das allerdings nach schweren Schneefällen durch Lawinen gefährdet war und deshalb nicht als Lagerplatz benutzt werden sollte. Lager 3 West (7250 m) entstand dicht unter dem Kamm der Westschulter. Ungewiss blieb vorläufig noch, ob der Westgrat oberhalb der Schulter begehbar sein würde und ob dort noch drei Hochlager erstellt werden könnten.

Inzwischen waren wir auch auf der klassischen Route nicht müßig. Auf der ersten Terrasse der Lhotse-Flanke entstand Lager 3 (6980 m) und bei etwa 7500 Meter Lager 4. Die Trasse folgte ungefähr unserer Route von 1955. Jetzt mussten noch Geländerseile über das Lhotse-Couloir und das „Gelbe Band" fixiert werden. Dann war der Zugang zum Südsattel frei.

Eine zweite Erkundung am Westgrat konnte nicht alle Zweifel beheben. Jedenfalls war auf dieser Seite ein „Gipfelsieg" wesentlich ungewisser als auf der konventionellen Südsattelroute. Darum entschied ich, zunächst hier den Hauptangriff anzusetzen.

Am 16. April stiegen Luther G. Jerstad und Richard Pownall mit zwei Sherpas, den Genfer Sporn querend, bis zum Südsattel vor. So früh im Jahr war dieser Col noch nie erreicht worden. Hier wurde nun Lager 5 (7986 m) errichtet; der zehntägige Transport von Zelten, Proviant, Sauerstoff, Ausrüstung und so weiter bis auf den höchsten „Pass" der Welt war allerhärteste Arbeit.

Der 21. April brachte einen bösen Zwischenfall: Daniel E. Doody, unser zweiter Filmmann, klagte über starke Schmer-

zen in einem Bein, was von Gilbert Roberts sofort als akute Venenentzündung mit Thrombose erkannt wurde. Glücklicherweise konnte das Schlimmste verhütet werden, aber der Kranke musste natürlich ins Standlager hinunter und schied endgültig aus der Angriffsmannschaft aus. Doody, 29 Jahre alt und ein guter Bergsteiger, hatte die Aufgabe gehabt, die Everest-Besteigung tunlichst bis zum Gipfel zu filmen. Nun musste ich versuchen, ihn zu ersetzen und möglichst hoch hinauf zu filmen, obwohl ich 16 Jahre älter war und als Expeditionsleiter schon mehr als genug zu tun hatte.

Das Wetter, das bisher außergewöhnlich gut gewesen war, begann sich zu verschlechtern. Am 25. und 26. April schneite es stark. Die Tätigkeit an der Lhotse-Flanke musste wegen Lawinengefahr eingestellt werden. Es wurde bereits davon gesprochen, ob wir nicht vorübergehend ins Standlager absteigen sollten. Da klarte es am 27. April morgens auf. Die erste Mannschaft setzte sich bergwärts in Bewegung. Wir waren zu viert: James W. Whittaker, genannt Big Jim (1.96 m groß), und Nawang Gombu bildeten die Gipfel-Seilschaft; Ang Dawa, mein alter Sherpafreund und Gefährte, und ich waren Hilfs- und Filmgruppe. Die Nacht verbrachten wir in Lager 3 (6980 m) und benutzten dort zum ersten Mal Schlaf-Sauerstoff: je eine Flasche für zwei Mann und einen Liter Sauerstoff pro Minute. Aber die dazu benötigten T-Stücke und die speziellen Schlafmasken erwiesen sich als so lästig, dass wir in Zukunft nur noch die von Tom Hornbein entwickelten Atmungsmasken verwendeten. Das verbesserte unseren Schlaf wesentlich, kostete allerdings doppelt so viel Sauerstoff.

Am 28. April ging es weiter nach Lager 4 (7600 m), zusammen mit zwölf schwer beladenen Sherpas. Wir vier bedienten uns bereits der Sauerstoffgeräte; der oft durch Filmaufnahmen unterbrochene Aufstieg – gut 600 Höhenmeter – war daher nicht allzu erschöpfend. Abends wurde jedoch mein Regulator undicht, das heißt der Mechanismus, der den hohen Druck der Sauerstoff-Flasche zu reduzieren und den Gaszufluss zu regeln hat. Ein Ersatz war im Augenblick nicht zu beschaffen. Nur mein Freund Ang Dawa erbot sich sofort, seinen intakten Regulator mit dem meinen auszutauschen.

Am nächsten Morgen hatte ich zunächst den Aufbruch von Lager 4 zu filmen. Danach konnte ich mit Ang Dawa und Pasang die anderen nicht mehr einholen. Das Wetter wurde immer schlechter. Die steilen Schneehänge und der Quergang zum Genfer Sporn schienen mir endlos. Unser Weg führte nicht mehr – wie bei früheren Expeditionen – über die Kuppe des Genfer Sporns hinüber, sondern er schnitt ihn, um ohne Höhenverlust zum Südsattel zu gelangen.

Im Schneesturm tauchten plötzlich drei Sherpas auf, die ihre Lasten am Col gelassen hatten und auf dem Rückmarsch nach Lager 4 waren. Mit ihnen sollte Pasang absteigen; seine Last mussten Ang Dawa und ich übernehmen. Entschlossen setzten wir uns wieder in Bewegung, aber bald merkte ich, dass ich es mit 32 Kilogramm auf dem Rücken auch beim besten Willen nicht schaffen würde. Glücklicherweise kannten Jim Whittaker und Nawang Gombu unsere Lage, so dass sie uns zwei Sherpas entgegensandten, um unsere Lasten etwas zu erleichtern. Trotzdem taumelte ich vor Erschöpfung, als wir den „einsamsten Ort der Welt" erreichten. An den drei Viermannzelten zerrte der Sturm. Der Südsattel war genauso ungastlich, wie ich ihn mir immer vorgestellt hatte. Gombu brachte so viel Energie und Hilfsbereitschaft auf, aus dem Zelt zu kommen und mir Seil und Steigeisen abzunehmen.

Die Nacht war kalt und windig. Aber dank Sauerstoff und Schlaftabletten ruhten wir uns einigermaßen aus. Ernste Sorgen machte mir nur unser zu großer Sauerstoffverbrauch; im

Ruhezustand ein Liter je Mann und Minute, also doppelt so viel, als wir vorgesehen hatten.

Der Morgen des 30. April war hell, aber stürmisch. Am Everest hing die „Feder", eine ungeheure Schneefahne. Die Sherpa-Träger hatten es heute sehr eilig und starteten als Erste. Dann folgten Big Jim und Gombu, während ich mit Ang Dawa zurückblieb, um den Aufbruch zu filmen. Wieder kämpfte ich mit dem undichten Regulator, ersetzte einige Teile, zog jede Schraube an, aber es half nicht viel. Als wir uns endlich anseilen und starten konnten, waren die acht Träger nicht mehr zu sehen und auch Jim und Gombu befanden sich schon in weiter Ferne.

Nahe dem zum Südostgrat hinaufziehenden steilen Couloir fühlte ich plötzlich einen Seilruck: Ang Dawas Atmungssack bekam kein Gas mehr. Ich stieg zu ihm hinunter, wechselte die Sauerstoffzylinder aus und warf den leeren fort, was seine Last um 6,35 Kilogramm erleichterte. Aber die Hälfte des Sauerstoffes hatte er nun verbraucht, und dass das Gas aus der vollen Flasche durch das schadhafte Regulatorventil herauszischte, war fatal!

Die vorausgegangenen acht Sherpas hatten bei den Felsen links vom Couloir gewartet, bis Big Jim mit Gombu erschien und die Führung übernahm. Ang Dawa und ich waren weit zurück. Sorgfältig sichernd, stiegen wir zum Kamm des Südostgrates hinauf, kamen an den Ruinen des höchsten indischen Lagers vorbei und auch an den Resten des Zeltes, wo Lambert und Tensing jene denkwürdige Nacht im Mai 1952 verbracht hatten. Inzwischen waren höher oben zwei kleine Zelte aufgestellt worden: Lager 6 (8370 m).

Auf ihrem Rückweg zum Südsattel-Lager begegneten uns die Sherpas, sieben von ihnen zu meinem Entsetzen noch mit ihren Sauerstoff-Flaschen, die – nur teilweise geleert – plangemäß in

Lager 6 gelassen werden sollten. Alle Bitten von Big Jim und Gombu waren vergeblich gewesen, die Leute wollten sich unter keinen Umständen von ihren geliebten Sauerstoffgeräten trennen. Nur Dawa Tensing bereute und gab uns seinen Apparat, so dass Ang Dawa endlich wieder ein einwandfreies Gerät bekam.

Nun gingen auch wir beide hinauf nach Lager 6. Zehn Männer hatten zwei Stunden harter Arbeit gebraucht, um eine halbwegs ebene Plattform zu schaffen, wo zwei miteinander verbundene Zweimannzelte aufgestellt werden konnten. Ich war so erschöpft, dass ich kaum hineinzukriechen vermochte. Erst später wurde mir bewusst, dass dieses unser oberstes Lager nicht weit genug hinaufgebracht worden war. Das Sturmlager von Hillary und Tensing hatte 1953 bei etwa 8500 Metern gestanden.

Die Nacht war – dank Sauerstoff – ganz angenehm.

Aber am Morgen des 1. Mai war die „Feder", eine riesige Schneefahne, dicht über uns. Der Lhotse war kaum zu sehen. Nach kurzem Frühstück um 6:30 Uhr traten Big Jim und Nawang Gombu zum Gipfelangriff an. Zuletzt sagte ich zu ihnen: „Wartet nicht etwa auf uns! Wir werden sehen, wie hoch wir kommen können. Falls das Wetter sich bessert, hoffen wir den Südgipfel zu erreichen, um euch beide auf dem Schlussgrat zu filmen." Ich hatte also nicht die Illusion, selbst bis auf den Hauptgipfel zu gelangen. In sechs Tagen war mein 45. Geburtstag, und was ich zu tragen hatte – zwei Sauerstoffzylinder, zwei Fotoapparate, eine 16-Millimeter-Filmkamera, Spezialkleidung, Filme und so weiter – wog rund 25 Kilogramm; Ang Dawas Last war mindestens ebenso schwer.

Wir seilten uns an und folgten den Spuren von Jim und Gombu, aber es wehte so stark, dass die Stufen bald ausgefüllt waren. Ich musste frisch spuren. Unsere Lasten schienen uns furchtbar schwer. Die Brillen wurden durch den Flugschnee immer wieder undurchsichtig. Obwohl wir die Regulatoren auf vier Liter Sauerstoff pro Minute eingestellt hatten, kamen wir nur sehr langsam vorwärts. Schlechter Fels unter dem fußtiefen, lockeren Schnee machte die Sicherung ziemlich illusorisch. Nach links über abschüssige Bänder, dann durch eine Schneerinne hinauf, so gewannen wir den Grat, wo die Spuren der Gipfelmannschaft wieder gut erhalten waren. Als wir der Kante folgten, konnten wir kaum ein paar Schritte weit sehen. Es war ein unangenehmes Gefühl, die rechte Hand mit dem Eispickel in Tibet zu wissen, über der steilen Wand, die mehr als 3000 Meter tief zum Kangchung-Gletscher hinabschießt. Von Zeit zu Zeit schauten wir auf den Lhotse zurück, der durch den Schneeschleier der „Feder" nur schwach sichtbar war. Jetzt waren wir ungefähr in gleicher Höhe mit seinem Hauptgipfel (8516 m), dann deutlich höher. Weiter ging es, den verwehten Spuren in das Nichts folgend, drei bis vier Atemzüge für jeden Schritt. Ich begann die Schritte zu zählen – nach je 20, dann nach je zehn Schritten eine kurze Rast.

Plötzlich ein Ruck am Seil: Ang Dawa bekam keinen Sauerstoff mehr und schien in ernsten Schwierigkeiten zu sein. Ich stieg zu ihm hinunter und entdeckte, dass sein Zylinder leer war. Also Flaschenwechsel, der leere Zylinder blieb zurück, weiter. Dort wo der Grat flacher wird, bevor er sich zum Südgipfel aufschwingt, war auch mein Sauerstoff zur Hälfte verbraucht, und Ang Dawa half mir bei diesem erneuten Flaschenwechsel. Ich gab ihm zu verstehen, dass die Sache damit für uns zu Ende sei, und wandte mich zum Abstieg. Er sah mich verständnislos an: „Up go, Bara Sah'b!", sagte er, nach oben zeigend.

Ich schüttelte den Kopf: „Hier müssen wir umkehren. Wenn wir weitergehen, reicht unser Sauerstoff nur noch bis halbwegs zwischen Südgipfel und Hauptgipfel. Dann haben wir kein Gas mehr und kommen nicht lebend hinunter. Wir können den

Hauptgipfel ohne Sauerstoff nicht erreichen, wir wären also nicht einmal tote Helden auf dem höchsten Gipfel der Welt."

Weiter versuchte ich ihm zu erklären, dass unsere Hauptaufgabe sei, Big Jim und Gombu zu unterstützen und möglichst hoch hinauf zu filmen. Wir hatten die schwere Filmausrüstung bis knapp unter 8700 Meter geschleppt, aber in dem Schneetreiben war das jetzt ganz nutzlos. Also zurück! Endlich hatte Ang Dawa begriffen, und wir traten den Abstieg an, langsam und mit aller Vorsicht. Um 13:30 Uhr waren wir im Lager 6, schwer erschöpft und in ernster Sorge um unsere Gipfelseilschaft.

Zur gleichen Zeit kämpften Jim Whittaker und Nawang Gombu ihren großen Kampf. Sie hatten je eine noch teilweise gefüllte Sauerstoff-Flasche bei etwa 8700 Metern deponiert, um ihre Lasten etwas zu erleichtern, in der Hoffnung, dass ein voller Zylinder für jeden sie zum Gipfel und zurück bringen würde. Um 11:30 Uhr erreichten sie – Jim als Erster – den Südgipfel (8760 m), wo der Sturm sie mit voller Wucht packte. Ist es überhaupt menschenmöglich, bei diesem Wetter den abschreckend aussehenden Schlussgrat zu begehen? Nach kurzem Zögern wagen sie den Versuch … Vorwärts!

Gut zehn Meter hinab in die Scharte hinter dem Südgipfel und jenseits hinauf, zwischen den ungeheuren Wechten, die rechts in die furchtbare Kangchung-Flanke hinaushängen, und den Felsen zur Linken, so kämpfen sie sich durch den Sturm zum „Hillary Step", der sie nicht aufhalten kann. Weiter geht es über eine Folge von Wellen im Schneegrat und dann … Big Jim hält an und wartet auf Gombu: „Du zuerst, Gombu!"

„Nein, du gehst als Erster", antwortet der kleine Mann.

„Gehen wir zusammen!"

So gingen sie die letzten paar Schritte nebeneinander zum höchsten Punkt, hinter dem es überall in die Tiefe geht. Sie umarmten sich und kämpften um ihr Gleichgewicht auf dem sturmumtobten Gipfel der Welt. Es war 13 Uhr, sechseinhalb Stunden nach ihrem Aufbruch von Lager 6.

Genau auf der Spitze (8848 m) trieb Jim eine Aluminiumstange ein, an der die amerikanische Flagge befestigt wurde. Von der Büste Mao Tse-tungs, die die chinesische Expedition 1960 hier aufgestellt haben soll, war nichts zu sehen. Dann folgten die obligatorischen Gipfelaufnahmen mit verschiedenen kleineren Wimpeln in den Händen von Jim und Gombu. Gegen Westen und nach Tibet hinein war die Aussicht klar, aber Osten und Süden waren durch die gewaltige „Feder" des Berges verdunkelt.

Als der Abstieg begann, merkten sie mit Entsetzen, dass die Sauerstoffzylinder leer waren. Bei einer Einstellung auf vier Liter je Minute sollte eine volle Flasche fast vier Stunden ausreichen, und jetzt – nur zwei Stunden, nachdem sie die anderen Zylinder unterhalb des Südgipfels deponiert hatten – waren sie ohne Sauerstoff. Wie konnte das geschehen?

Bei ihrem grimmigen Kampf um den Gipfel hatten sie auf das Manometer nicht geachtet. Diese Erkenntnis traf sie schwer. Nach Atem ringend, warfen sie die leeren Flaschen weg und setzten – Gombu voraus – vorsichtig den Abstieg fort. Plötzlich brach zwischen den beiden Männern ein großes Wechtenstück und stürzte zum Kangchung-Gletscher hinunter. Einige Fußstapfen waren verschwunden. Jim zog am Seil, um Gombu das klaffende Loch zu zeigen, und sie rückten näher an die Felsen heran.

Am tiefsten Punkt des Gipfelgrates, in der Scharte vor dem Südgipfel, hatte Jim ein dringendes menschliches Bedürfnis. Während der große Mann einen mühevollen Kampf mit seiner Last und den zahlreichen Schichten seiner Bekleidung führte, kletterte der kleine Mann zur Spitze des Südgipfels hinauf. Nach einer Viertelstunde war Jim so weit, ihm zu folgen, und da geschah es: In seiner Erschöpfung glitt er aus und schon hing er kopfüber am Seil, durch seine schwere Last nach rückwärts gezogen. Er schrie, aber Gombu oben, im heulenden Sturm, konnte ihn nicht verstehen und zog bloß mit aller Kraft, wodurch es für Jim fast unmöglich wurde, wieder auf die Beine zu kommen. Erst nach verzweifelter Anstrengung war er wieder auf den Füßen und hackte den Steilhang hinauf, etwa fünf Minuten für jede Stufe. Das war das allerschlimmste Stück, und zum ersten Mal begann Jim ernstlich zu zweifeln, ob sie lebend davonkommen würden.

Endlich war er glücklich oben. Er fiel, nach Luft ringend, in den Schnee und versuchte, seine Kräfte wiederzugewinnen. Vom Hauptgipfel bis hierher hatten sie fast drei Stunden gebraucht. Auch Gombu war ziemlich fertig, der Sauerstoffmangel hatte sich bei beiden ausgewirkt. Aber der Lebenswille half ihnen weiter, den steilen Grat des Südgipfels hinunter: Abwechselnd gehend, sich gegenseitig sorgfältig sichernd, blieben sie alle paar Schritte stehen und rangen nach Luft. So erreichten sie das Depot, wo ihre halbvollen Sauerstoff-Flaschen lagen. Gierig saugten sie den Lebensatem in vollen Zügen ein. Schon viele Stunden hatten sie auch keine Flüssigkeit mehr gehabt; der Inhalt ihrer Feldflaschen war längst zu Eis geworden.

Inzwischen hatten Ang Dawa und ich uns etwas erholt, indem wir uns möglichst warm hielten und einen Liter Sauerstoff je Minute atmeten. Essen und Getränke für die Gipfel-Seilschaft hatten wir vorbereitet. Nun warteten wir in wachsender Sorge. Es wehte noch immer stark. Der Grat über uns war kaum zu sehen. Endlich, um 17:30 Uhr, begannen kleine Schneeschollen und Steine die Zelte zu treffen: Da kamen die beiden herunter, sehr langsam. Als sie in Hörweite waren, rief Ang Dawa zu Gombu hinauf, und dieser machte mit seinem Pickel das Siegeszeichen. Grinsend drehte sich Ang Dawa zu mir um – wir umarmten uns.

Big Jim und Nawang Gombu taumelten vor Erschöpfung und brauchten fast eine halbe Stunde, bis sie Steigeisen, Seil und Lasten abgelegt hatten und ins Zelt kriechen konnten. Ich wäre so gern hinausgestürzt, um ihnen zu gratulieren und zu helfen, aber ich hatte dazu nicht die Kraft. Meine Glückwünsche und Bewunderung für ihre fast übermenschliche Leistung konnte ich nur leise krächzen, dann brachten wir ihnen Tee, Fleischbrühe, getrocknetes Rindfleisch, Pfirsichkompott und immer wieder Tee. Mit Lager 5 (7986 m), wo die zweite Mannschaft für den Gipfelangriff bereitstand, bekam ich keine Funkverbindung, aber glücklicherweise hatte man dort das Wetter zu schlecht gefunden und war im Südsattel geblieben. Wir vier mussten sowieso in Lager 6 bleiben, die zweite Nacht in dieser extremen Höhe … und der Sauerstoff ging aus!

Der Abstieg am 2. Mai, über trügerische, verschneite Felsen und ohne Sauerstoff, war in unserer derzeitigen Verfassung ein Alptraum. Als wir endlich den Südsattel erreichten, war ich tatsächlich dem Ende nahe. Meine Kameraden Jerstad, Bishop und Pownall standen mir bei: Ich legte mich auf den Schnee, bekam eine Maske über das Gesicht und atmete ein paar Minuten das Maximum von Sauerstoff. Dann war ich wieder kräftig genug, allein in mein Zelt zu kriechen. Dabei dachte ich an meinen guten Freund Sir John Hunt, dem es 1953 ganz ähnlich ergangen war.

Mit Rücksicht auf das Wetter und den ganz und gar unzulänglichen Bestand an Sauerstoff im Südsattel musste der zweite Angriff verschoben werden. Alle sollten jetzt zur Erholung und Reorganisation ins Standlager absteigen. Bis zum Beginn des Sommermonsuns konnte man ja noch mit drei bis vier Wochen rechnen.

Am 4. Mai waren die meisten Bergsteiger „unten". An den Ruhetagen wurde nicht nur haufenweise Korrespondenz erledigt, es wurde auch der alle Voranschläge übersteigende Sauerstoffverbrauch erörtert. Für den gesamten Nachschubdienst musste ein neuer Plan ausgearbeitet werden. Das schwerste Problem dabei war, die Sherpas, die in den letzten Wochen schon so viele Hochtransporte gemacht hatten, zu derartigen neuen Anstrengungen zu motivieren. Dass dies schließlich gelang, ist vor allem das Verdienst von J. O. M. Roberts, unserem walisischen Transportoffizier, der bei den Trägern ungemein beliebt war und größte Autorität genoss. Nach unserem neuen Programm sollten zwei Zweiergruppen am Westgrat und eine Zweiergruppe auf der Südostroute eingesetzt werden, alle mit den notwendigen Unterstützungsgruppen. Eine Überschreitung des Berges von Westen sollte nur versucht werden, wenn dieses Unternehmen mit der Südsattel-Mannschaft zeitlich gleichgeschaltet werden könnte.

Am 9. Mai konnten die Namen der siegreichen Gipfelmannschaft vor der Außenwelt nicht länger zurückgehalten werden, denn Kathmandu hatte bereits durch Trägergeschwätz das Richtige gehört. Ursprünglich war beschlossen worden, nur die Mannschaftsarbeit zu betonen, keine Helden zu proklamieren und Einzelnamen erst später, nach Abschluss des gesamten Gipfelringens, bekannt zu geben. Aber in der heutigen „Welt der Kommunikation" war das auf die Dauer nicht durchzuhalten, die Nachrichtenagenturen sind allzu „tüchtig". Nur sehr widerwillig meldete ich also die Namen James W. Whittaker sowie Nawang Gombu über das Radio …

Die höchste Traverse

Auf dem Weg zur Westschulter hatten wir eine Seilwinde installiert, die von einem leichten, aber starken Motor betrieben werden konnte und einen mit Sauerstoff-Flaschen beladenen Skischlitten vom Depot West nach Lager 3 West (7250 m) befördern sollte. Auf diese „Wunderwaffe" setzten wir große Hoffnungen. Letztendlich war ihr aber nur ein sehr begrenzter Erfolg beschieden. Überdies war es dort, am Depot West, nach jedem Schneefall ziemlich lawinengefährlich. Einmal wurden sogar vier Sherpas und zwei Zelte am Depotplatz von einem Schneebrett hinuntergefegt. Glücklicherweise wurde niemand verletzt.

Lager 4 West (7650 m) wurde nahe den steilen Felsen des Westgrates errichtet. Da gab es einen schweren Rückschlag: In der Nacht vom 16. zum 17. Mai brach einer der wildesten Stürme los, die wir je erlebt hatten. Al Auten, Barry Corbet und vier Sherpas befanden sich in zwei Viermannzelten, die am Eingang miteinander verbunden waren. Gegen Mitternacht merkten die Männer plötzlich, dass die Halteseile sich gelöst hatten und dass sie in immer schnellerem Tempo dem Rongbuk-Gletscher – 2000 Meter tiefer – zuglitten. Dicht vor der Kante wurden sie wie durch ein Wunder gerettet: In einem wilden Durcheinander von zerfetztem Segeltuch, verdrehten Zeltstöcken und verstreuter Ausrüstung waren die halb betäubten Männer von einer Schneewehe auf einem Sims aufgehalten worden.

Durch Dunkelheit und Sturm kämpfte sich Auten zu Unsoeld und Hornbein hinauf, deren Zelt noch stand. Alle drei gingen hinunter und halfen bei der Bergung dessen, was von den beiden großen Zelten und ihrem Inhalt übriggeblieben war. Dann erwarteten sie, hart angeschlagen, den Morgen eines neuen Sturmtages.

Gegen 9 Uhr nahm Willi Unsoeld Verbindung mit dem Standlager auf. Gerade als er mitteilte, dass sie das Lager 4 West evakuieren müssten, verlor auch sein Zelt den Halt. Er schrie ins Mikrofon, sie seien schon auf dem Weg, ihr Zelt gleite dem Abgrund zu! Im nächsten Augenblick machte Tom Hornbein einen wilden Kopfsprung durch den Zelteingang, packte eine Zeltstange, spreizte seine Beine weit aus und brachte es fertig, die Abwärtsbewegung des Zeltes aufzuhalten. Da sah Barry Corbet, dass Unsoeld noch immer in das Mikrofon sprach, und wollte zu ihm. Dieser schrie – es war für uns im Standlager ein furchtbar aufregendes Hörspiel: „Nein, Barry, nein! Mach, dass du rauskommst!" Corbet schoss aus dem Zelt, Unsoeld folgte ihm mit so großer Eile, dass er die Antenne abbrach. Trotzdem hörten wir seinen Kommentar weiter, bis er abdrehen musste, um Sauerstoffzylinder auf das zusammengebrochene Zelt zu häufen, damit dieses nicht fortgeweht würde. Jedenfalls war Lager 4 West nur noch eine Ruine.

Die acht Männer brauchten mehr als eine Stunde, um ihre Eispickel zu finden, die Lasten fertig zu machen und den Abstieg nach Lager 3 West anzutreten. Es war ein langer und schlimmer Rückzug: Der Sturm warf sie fast um. Zu sehen war gar nichts. Die Route war schwierig zu finden. Und alle waren so erschöpft, dass sie herumtaumelten wie betrunken. Trotzdem erreichten sie schließlich den Schutz von Lager 3 West, wo sie sich allmählich erwärmten und in den nächsten beiden Tagen erholten. Der Angriff auf den Westgrat aber war zerschlagen.

Trotzdem gaben wir nicht auf. Strategie und Zeitplan mussten allerdings abgeändert werden, und ein Gipfeltreffen der Südsattel- und Westgratmannschaften schien aussichtslos. Sogar Tom Hornbein und Willi Unsoeld, die unentwegten Optimisten, hatten da ernste Bedenken. Ursprünglich waren zwei weitere Westgrat-Lager geplant gewesen. Aber jetzt – nach den schweren Verlusten an Zelten, Sauerstoff, Butan-Gas und so weiter – wurde beschlossen, nach der Wiederherstellung von Lager 4 West nur noch Sturmlager 5 West so hoch wie möglich vorzuschieben und von dort aus, tunlichst am 22. Mai, einen Zweimannangriff zu unternehmen.

Das war das Signal für die Südsattelmannschaft, die schon seit langem darauf wartete. Am 18. Mai verließen Lute Jerstad, Barry Bishop und drei Sherpas das vorgeschobene Basislager (6500 m). Einen Tag später folgten Dave Dingman, Girme Dorje und zwei weitere Sherpas. Lager 3 (6980 m) war inzwischen von einer Lawine teilweise verschüttet worden, konnte aber mit einiger Mühe wieder instand gesetzt werden. Das Wetter blieb gut.

Am 21. Mai richteten sich Bishop und Jerstad in Lager 6 (8370 m) ein, Pemba Tensing und Nima Tensing, die dies durch eine bewundernswerte Transportleistung ermöglicht hatten, kehrten zum Südsattel-Lager zurück.

Auf der anderen Bergseite war Lager 4 West (7650 m) am 20. Mai wieder besetzt worden. „All India Radio" meldete, dass der Monsun nun jederzeit am Everest eintreffen könne. Jeder Tag war kostbar.

Am Morgen des 21. Mai spurten Auten und Corbet voraus, Unsoeld, Hornbein, Richard Emerson und fünf Sherpas folgten anderthalb Stunden später. Es ging zunächst durch den „Diagonal Ditch", ein langes, schräges Couloir in der Nordflanke. Im „Graben" selbst lag meist guter, tragfähiger Schnee, aber streckenweise bekam man es unter einer dünnen Schneelage mit plattigen Felsen in der bekannten unangenehmen Dachziegelstruktur zu tun. Bei einer früheren Erkundung hatten Hornbein und Unsoeld hier etwa 8000 Meter erreicht, den Fuß einer Schneerinne knapp einen Kilometer westlich des berühmten Großen Couloirs, das bei den klassischen Everest-Expeditionen der tibetischen Seite, besonders 1924 und 1933, eine wichtige Rolle gespielt hat.

Am Eingang in die steile Schneerinne, die später Hornbein-Couloir genannt wurde, musste Emerson aufgeben. Er litt stark unter Bergkrankheit und hatte sich nur mit äußerster Willenskraft so weit hinaufgekämpft. Alle anderen gingen weiter, mit Corbet an der Spitze, der fleißig Stufen schlug. Stunden verstrichen. Die schwer tragenden Männer wurden müde. Endlich, nachmittags, gelangten sie an die Basis des „Gelben Bandes". Da zeigte sich ein Gesims, kaum einen halben Meter breit und zweieinhalb Meter lang: der dürftige Platz für das Sturmlager 5 (8300 m). Nach getaner Arbeit trat die gesamte Hilfsmannschaft den Abstieg an: 650 Höhenmeter nach Lager 4 West. Zurück blieben nur Willi Unsoeld und Tom Hornbein, die in den nächsten eineinhalb Stunden eine Plattform für ihr kleines Zelt aushackten – ohne Sauerstoff, um möglichst viel Gas für den nächsten Tag zu sparen. Zuletzt sicherten sie das Zelt durch Felshaken und mit Hilfe der Pickel, krochen hinein, bereiteten sich ein leckeres Abendessen, drehten ihren Nacht-Sauerstoff an und schafften es, bis 4 Uhr morgens zu schlafen.

Es war der 22. Mai, der entscheidende Tag, und es herrschte tadelloses Wetter.

Drüben am Südostgrat, in Lager 6, begannen Jerstad und Bishop um 5 Uhr, sich ihr Frühstück zuzubereiten. Da explodierte der Butan-Kocher! Die Flamme versengte Jerstads Bart und verbrannte Bishops Plastikmaske. Das Zelt füllte sich mit Rauch, beide sprangen hinaus, um nicht zu ersticken. Dieser fatale Zwischenfall, der fast zur Katastrophe geführt hätte, verursachte eine bedeutende Verspätung: Es wurde 8 Uhr, bis sie aufbrechen konnten, und Bishop war in schlechter Form, so dass Jerstad ständig vorausgehen und die Hauptarbeit übernehmen musste. Nach einer sehr notwendigen Rast auf dem Südgipfel (8760 m), wo sie den noch vorhandenen Sauerstoffbestand prüften, gingen sie den Schlussgrat mit reduzierter Gasration an.

Was war inzwischen am Westgrat geschehen?

Um 7 Uhr morgens waren Unsoeld und Hornbein von Lager 5 West aufgebrochen. Es war schwieriger, als sie erwartet hatten. Der vorausgehende Unsoeld musste in dem steilen Couloir fast ununterbrochen Stufen schlagen. Tom Hornbein fühlte sich zunächst nicht wohl. Jedes Mal, wenn er aufschloss, bat er keuchend seinen Freund, weiter zu führen. Erst später entdeckte er, dass er durch einen Fehler des Regulators weniger als einen Liter Sauerstoff pro Minute bekommen hatte. Stellenweise verengte sich das Hornbein-Couloir zum Riss, durch den man sich kaum durchzwängen konnte. Ständig war es so steil, dass es kein Ausruhen gab, keinen Platz, sich auch nur einmal zu setzen.

Auch oberhalb des „Gelben Bandes", das aus gelblichen Kalkphylliten und Kalksandsteinen bestand, ließen die Schwierigkeiten nicht nach. Wer vorausging, musste manchmal die Handschuhe ausziehen und mit bloßen Händen klettern – in dieser extremen Höhe eine bedenkliche Sache. Meist war der Fels so schlecht, dass auch Haken nicht viel Sicherheit gaben. Für einen Rückzug wiederum hatten sie nicht genug Haken und viel zu wenig Seil. Also weiter – friss oder stirb!

Kurz vor 15:30 Uhr sehen Jerstad und Bishop die amerikanische Fahne auf dem Gipfel der Welt, an der Aluminiumstange, die

Jim Whittaker vor genau drei Wochen dort aufgepflanzt hatte. Gerührt und erleichtert steigen sie die letzten paar Schritte zusammen hinauf.

Die nächsten 45 Minuten sind den fotografischen und filmischen Arbeiten gewidmet. Das einzigartige Gipfelpanorama ist ganz klar. Immer wieder halten sie Ausschau den Westgrat hinunter, aber von der Seilschaft Unsoeld/Hornbein ist nichts zu sehen oder zu hören. So treten sie endlich den Abstieg an.

Indessen führt Willi Unsoeld immer noch, sie folgen dem Westgrat. Links liegt die Nordflanke und Tibet, rechts der Abgrund und die tiefe weiße Mulde des Westbeckens. Eine Weile gehen sie auf Schnee. Aber bald springt eine messerscharfe Felsschneide vor ihnen auf, hier müssen sie anhalten, um ihre Steigeisen und Überschuhe zu entfernen, bevor sie sich einer Reihe von schmalen Rissen und Griffen entlang über vier Seillängen, abwechselnd kletternd und sichernd, durch die glatte Felswand emporarbeiten. Dann ist die Felsstufe überwunden. Wieder auf Schnee, legen sie ihre Überschuhe und Steigeisen erneut an. Der Wind wird allmählich stärker, denn jetzt sind sie wirklich schon sehr hoch, höher als der Südgipfel des Everest zur Rechten – und nun bleibt nur noch ein aufwärts führender Grat, mit dem sich zwei andere Grate von Nordosten und Südosten vereinigen.

Es ist sechs Uhr; dann 6:15 Uhr. Die Sonne steht schon tief. Und in den roten Abendstrahlen, die über das Dach der Welt strömen, sehen sie, was die anderen schon vor ihnen gesehen haben: die Stange. Die Fahne. Die Fahne, die steif im Weltraumwind weht.

Tom erzählte später von diesem Moment: „Willi, der voraus war, wartete, und ich ging zu ihm, und wir umarmten uns, voll von unausgesprochenen Gedanken und Gefühlen."

Die Fahne war vielleicht 15 Meter weit weg, als sie sie zum ersten Mal sahen. Jeder Schritt brachte sie näher. Von Westen aus gesehen ist die Spitze des Everest dramatischer als von Süden. Der Gipfel ist nicht ein letzter Buckel in einer Reihe von Buckeln, sondern eine Einheit: eine Spitze, ein Apex. Und jetzt, nach beinahe zwölf Stunden, seit sie ihr Sturmlager verlassen hatten, schreiten Willi Unsoeld und Tom Hornbein Seite an Seite zu dieser Spitze hinauf und stehen bei der Fahnenstange. Sie sind der elfte und zwölfte Mensch auf dem Gipfel des Everest. Und der fünfte und sechste Mann der Expedition, deren Mitglieder sie sind. Aber sie sind die Einzigen, die jemals auf einer anderen Route als über die Lhotse-Flanke und den Südsattel den Gipfel erreicht haben, und ihr Triumph ist einer der großen Erstersteigungen in der Erschließungsgeschichte des Himalaya.

Die Sonne ging unter. Der Wind war bitterkalt. In der immer intensiver werdenden Kälte und grauen Dämmerung verbrachten sie nur 15 Minuten am höchsten Punkt. Sie machten ein paar Aufnahmen und hinterließen einige Mementos, unter anderem ein Kruzifix, das Willi in Gombus Khata wickelte, und zwei Gebetsfahnen, die ihnen von ihren Sherpas mitgegeben worden waren: eine gut ausgeglichene Wahl für eine Expedition, die teils christlich, teils buddhistisch war.

Im Gipfelschnee sahen sie die alten Spuren von Jim Whittaker und Nawang Gombu sowie frische Fußstapfen, die von Lute Jerstad und Barry Bishop stammen mussten. Sie wussten jetzt auch, dass die beiden bereits Stunden vor ihnen hier gewesen waren, und dass sie nun allein über den ihnen unbekannten Südostgrat absteigen mussten. Aber es gab keinen Zweifel für sie, dass sie das schaffen würden. Noch in der Nordflanke, am oberen Ende der Steilrinne, hatten sie sich dafür entschieden. Sie hatten sich verpflichtet. Nicht nur waren sie die Ersten, die den Everest auf neuer Route erstiegen hatten; jetzt – obwohl das erhoffte, tausend zu eins unwahrscheinliche „Gipfeltreffen" nicht zustande gekommen war – wollten sie auch die Ersten sein, die ihn von einer Seite zur anderen traversierten.

Sie hatten ihren Sauerstoff abgestellt. Nun drehten sie ihn wieder an. Die Hauptsache war jetzt, so weit wie möglich hinunterzukommen, bevor die Nacht anbrach.

Willi und Tom eilten dem Südgipfel zu, dankbar für die Spur von Jerstad und Bishop. Nur einmal blieb Unsoeld lange genug stehen, um durch sein Walkie-Talkie das vorgeschobene Basislager rasch zu informieren. Der Geologe Maynard Miller, der in Lager 2 stationiert war, hörte zu seinem Erstaunen plötzlich Verse des amerikanischen Lyrikers Robert Frost: „... but I have promises to keep, and miles to go before I sleep ..."

Als sie den „Hillary Step" hinabstiegen, ging die Sonne unter, und noch bevor sie auf dem Südgipfel waren, setzte die Dunkelheit ein. Hornbein, der jetzt in besserer Verfassung als Unsoeld war, erschrak, als er das Zischen von entweichendem Sauerstoff hörte. Der Regulator war jedoch nicht gebrochen, und der kleine Schaden konnte bald behoben werden. Sie begannen, auf dem im oberen Teil recht steilen Südostgrat abzusteigen. Es war schon so dunkel, dass sie die Spuren ihrer Vorgänger kaum noch erkennen konnten. Und das Licht der Taschenlampe wurde immer schwächer. Da riefen sie, so laut sie konnten, und wirklich – von unten kam Antwort!

Jerstad und Bishop, schwer angeschlagen, waren nur sehr langsam vorwärtsgekommen und vom Südgipfel mit größter Vorsicht abgestiegen. Als sie um 20 Uhr bei etwa 8625 Metern waren, hatten sie zum ersten Mal das Blinken der Taschenlampe gesehen und daraufhin zwei Stunden auf ihre Westgrat-Kameraden gewartet. Nun war es so weit, sie waren vereint und setzten zu viert den Abstieg fort. Nach einigen bedenklichen Stürzen war ihnen klar, dass es aussichtslos war, bei Nacht, ohne Laterne und in ihrer derzeitigen Verfassung Lager 6 erreichen zu wollen. Kurz vor Mitternacht, bei etwa 8530 Metern, machten sie Halt. Auf einem kleinen Felsband unter der Gratkante. Ein Biwak in dieser Höhe, ohne Zelt, ohne Schlafsäcke, ohne Sauerstoff! Die Temperatur sank auf minus 28 Grad Celsius. Hätte das übliche Everest-Wetter geherrscht, so hätte wahrscheinlich keiner der vier Männer dieses Freilager – für lange Zeit das höchste, das auf einem Berg verbracht worden ist – überlebt. Aber Chomolongma, die Göttin-Mutter, lächelte gnädig, der Wind schlief ein.

In Lager 6 (8370 m) wachten in dieser Nacht David Dingman, einer der Expeditionsärzte, und Girme Dorje voller Sorgen, die allmählich fast zur Gewissheit wurden, dass die vier Gipfelleute den Tod gefunden haben mussten. Am frühen Morgen des 23. Mai – das Schönwetter hielt an – begaben sie sich auf die Suche, selbst keinen Flaschensauerstoff atmend, um möglichst viel bereitzuhaben, falls es doch noch Überlebende geben sollte.

Da kamen die vier! In solcher Höhe haben Patienten noch niemals ihren Arzt begrüßen können. Sie wurden mit frischem Sauerstoff, heißen Getränken und manchem mehr versorgt. Dann stiegen alle zum Lager 6 ab. Bishop und Unsoeld hatten schwere Frostschäden an den Zehen. Trotzdem konnten sie nach kurzer Rast noch mit eigener Kraft absteigen, an diesem Tag bis Lager 2. Am Abend des 24. Mai waren alle unten im Standlager.

Am gleichen Abend meldeten sich 275 Träger für den Abtransport, und am 25. Mai trat die Amerikanische Mount-Everest-Expedition den Rückmarsch nach Kathmandu an – in heftigem Schneesturm! Dies war der erwartete Monsun-Einbruch in der Everest-Region – wir hatten wirklich ein Riesenglück gehabt!

Unsoeld, Bishop und Jerstad mussten nach Namche Bazar getragen werden. Sobald die Erfrierungen bekannt geworden waren, hatte ich per Funk einen Hubschrauber angefordert. Bereits in den frühen Morgenstunden des 27. Mai wurden Unsoeld und Bishop in das United-Missions-Hospital in Kathmandu geflogen. Später mussten ihnen alle Zehen abgenommen werden, während Hornbein und Jerstad keine dauernden Schäden davongetragen haben.

Am 29. Oktober 1955 hatte ich in mein Tagebuch geschrieben: „… unser letzter Abend im Standlager, am Fuße des Eisbruchs. Die Sonne ist schon vor einiger Zeit untergegangen; ich sitze auf einem Felsen oberhalb des Lagers, allein in der zunehmenden Dunkelheit. Von den Bergen der Umgebung schwindet das letzte Tageslicht. Ich schwanke zwischen zwei Gefühlen – froh, nach Hause zu gehen, und gleichzeitig traurig und voll unbestimmter Sehnsucht. Harte Wochen und Monate liegen hinter uns, und doch fällt der Abschied von diesen großen Bergen sehr schwer."

So war es mir noch bei jedem Abschied ergangen. Diesmal aber war es ganz anders. Die Arbeit war getan, das Ziel endlich erreicht. Elf Jahre lang war der Everest Freund und Feind gewesen, aber jetzt war der Augenblick gekommen, ihn für immer zu verlassen. Als wir auf dem Rückweg beim Kloster Tengpoche lagerten, machten wir dem Hochlama unsere Aufwartung. Beim Abschied sah er sehr gebrechlich, einsam und verlassen aus. Über die Jahre waren wir gute Freunde geworden, aber ich glaubte in diesem Moment nicht, ihn je wiederzusehen.

Wann immer ich die „Heilige Wiese" von Tengpoche verlassen hatte, erfüllte mich ein starkes Gefühl, dort schon einmal, in einer früheren Existenz, gelebt zu haben. Jedes Mal war ich tief bewegt und den Tränen nahe. Ich wusste, dass ich ein Stück meiner selbst zurückließ, und dass ich eines Tages – irgendwie – wiederkehren müsste.

NORMAN G. DYHRENFURTH:

EIN LEBENSBILD VON

DR. MICHAEL BILIC

Norman Günter Dyhrenfurth

wird am 7. Mai 1918 in Schlesien (heute Polen) auf Schloss Carlowitz bei Breslau geboren. 1924 zieht die Familie nach Salzburg, wo Norman zwei Jahre lang die evangelische Volksschule in der Schwarzstraße besucht. 1926 übersiedeln die Dyhrenfurths dann nach Zürich in die Schweiz, deren Staatsangehörigkeit sie 1932 annehmen. Norman absolviert dort das Kantonale Realgymnasium.

Normans Mutter Hettie Dyhrenfurth, geborene Heymann stammt aus einer begüterten Breslauer Industriellenfamilie, der Vater Günter Oscar Dyhrenfurth ist Geologe und Paläontologe und lehrt ab 1919 als Universitätsprofessor an der Schlesischen Friedrich-Wilhelms-Universität in Breslau. 1933, nach der Machtergreifung Hitlers und den damit einhergehenden Bücherverbrennungen, legt er seine Professur nieder und wendet sich von Deutschland ab.

Der Vater, ein exzellenter Bergsteiger, dem in den Alpen zahlreiche Erstbegehungen gelingen, wird viele Jahre später mit seinem Standardwerk „Zum dritten Pol. Die Achttausender der Erde" als „Himalaya-Papst" in die Alpingeschichte eingehen.

Günter Oscar und Hettie Dyhrenfurth haben drei Kinder: Harald (1913), Hiltraud (1915) und Norman (1918). Schon als Achtjähriger geht Norman mit seinem Vater und seinen Geschwistern in die Berge zum Skifahren und auf kleine Hochtouren. Mit elf Jahren ist Norman bereits auf Dreitausendern unterwegs.

Stolz sind Norman und sein Vater auf Hettie, die sowohl in Österreich als auch dann in der Schweiz die beste Tennisspielerin ist. Norman selbst gewinnt zwischen 1934 und 1937 mehrmals die Ost-Schweizer Meisterschaft im Herren-Einzel als auch die Internationale Herren-Doppel-Meisterschaft der Schweiz im Tischtennis.

1930 und 1934 unternehmen die Eltern zwei bedeutende Expeditionen in den Himalaya. Bei vielen vorbereitenden Trainingstouren sind auch Norman und seine Geschwister dabei.

Oscar Dyhrenfurth will während der Expeditionen auch filmen und nimmt deshalb Kontakt mit dem Berg- und Skifilmpionier Dr. Arnold Fanck auf. Bei der ersten Expedition 1930 zum Kangchendzönga entsteht der Dokumentarfilm „Himatschal, Thron der Götter": der bahnbrechende, erste professionell gedrehte Film aus dem Himalaya. Kameramann Charles Duvanel wird für Norman ein erstes Vorbild.

Bei der Expedition 1934 zum Oberen Baltorogletscher erreicht Normans Mutter zusammen mit seinem Vater und Kameramann Hans Ertl den Gipfel des Sia Kangri (7422 m) und stellt damit einen Höhenweltrekord für Frauen auf, der bis 1954 Gültigkeit haben wird.

Für ihre herausragenden alpinistischen Leistungen während den beiden Himalaya-Expeditionen erhalten die Eltern 1936 bei den Olympischen Sommerspielen in Berlin den letztmalig vergebenen „Prix olympique d'alpinisme".

Hettie Dyhrenfurth wird auf Grund ihrer Erfolge zu Vortragsreisen in die USA eingeladen. Mit im Gepäck ist ihr Buch „Memsahib im Himalaya". Sie füllt die größten Säle bis hin zur Town Hall in New York. Norman äußert sich später zu den

Erfolgen seiner Mutter: „Eine Frau, die so etwas geleistet hat, wurde in Amerika sehr bewundert. Sie wurde eingeladen von Präsident Roosevelt ins Weiße Haus. Sie wurde gefeiert. Sie entwickelte sich als Mensch. Vorher war sie nur die Frau meines Vaters, die Frau Professor. In Amerika war sie plötzlich jemand. Das hat ihr gut gefallen, natürlich!"

Ihr Versuch, die Familie zu überzeugen, nach Amerika nachzukommen, stößt zunächst auf Unverständnis.

Norman sammelt inzwischen erste Filmerfahrungen. Er ist fasziniert von den großen Bergfilmen Arnold Fancks, der „befreiten Kamera", die den Skifahrern und Bergsteigern ins Gelände folgt. Bei Charles Duvanel erlernt er die Grundlagen des Filmhandwerks und wird Assistent bei Hans Ertl für Filmaufnahmen bei der Vor-Olympiade für die Winterspiele 1935 in Garmisch-Partenkirchen.

Im Spätsommer 1937 unternimmt Norman zusammen mit seinem Vater eine gewaltige Hochtour: die Überschreitung des gesamten Mont-Blanc-Massivs mit insgesamt sieben Viertausendern. Norman ist 19 Jahre alt und die Tour hat den Charakter einer Initiation, eines Schrittes ins Erwachsensein. Erstmals auf einer Tour überlässt der Vater dem Sohn den Vorstieg. „Ich habe ihn sehr bewundert, meinen Vater. Er war für mich wirklich ein Vorbild", bekennt Norman.

Vater und Sohn fühlen sich eng verbunden. Sie planen weitere Touren, doch Norman möchte seine Mutter besuchen – und wird seinen Vater erst nach 15 Jahren wiedersehen.

1937 reist Norman mit seiner Schwester Hiltraud in die USA. Er verdient sich sein Geld als Skilehrer, Bergführer und Kameramann. 1938 geht er mit dem Forscher und Fotografen Bradford Washburn auf eine Expedition der National Geographic Society und der Harvard University nach Alaska, wo unter anderem die Erstbesteigung des Mount St. Agnes (später Mount Marcus Baker) auf dem Programm steht.

Im Herbst 1939 wird ihm von der New Yorker Filmgesellschaft Willard Pictures eine Stellung als Kameramann angeboten. Nach kurzer Zeit wird er Director of Photography und dreht zahlreiche Filme, vielfach Lehr- und Trainingsfilme für die Army und Navy.

Die beabsichtigte Heimkehr in die Schweiz wird durch den Ausbruch des Zweiten Weltkriegs verhindert. Norman Dyhrenfurth nimmt die amerikanische Staatsbürgerschaft an und meldet sich bei Kriegseintritt der USA 1942 freiwillig zur Armee. Er wird zum Kampfeinsatz gegen die Japaner auf die Aleuteninseln vor der Küste Alaskas beordert und scheidet 1945 als Lieutenant aus der Armee aus.

Am 4. Februar 1946 heiratet Norman die um sechs Jahre ältere und aus gutem Hause stammende Amerikanerin Sara „Sally" Sudler. Die Ehe wird 1966 geschieden.

Die Trennung der Eltern – Günter Oscar und Hettie lassen sich am 5. Juli 1948 scheiden – reißt die Familie zunächst auseinander und hinterlässt tiefe Spuren. Drei Jahre werden vergehen, bis Norman wieder brieflichen Kontakt mit seinem Vater aufnimmt.

Nach dem Krieg ist Norman zunächst als Kameramann und Regisseur tätig, bevor er 1948 Lektor für Cinematographie und Dokumentarfilm an der University of California, Los Angeles (UCLA) und in der Folge ordentlicher Professor und Leiter der Filmfakultät wird.

1952 sehen sich Oscar Dyhrenfurth und Norman – nach 15 Jahren Schriftverkehr – endlich wieder.

Der als Himalaya-Koryphäe angesehene Vater empfiehlt Norman der Zweiten Schweizer Mount-Everest-Expedition als

Regisseur und Kameramann. Norman nimmt deren Einladung an und reist den Schweizern nach. Tensing Norgay und Raymond Lambert erreichen bei ihrem Besteigungsversuch eine Höhe von 8550 Metern und legen damit den Grundstein für die erfolgreiche Erstbesteigung des Everest, die ein Jahr später Tensing Norgay zusammen mit Edmund Hillary glücken sollte. Norman Dyhrenfurth war es immer wichtig zu betonen, dass der Expeditionsleiter der erfolgreichen britischen Expedition, Colonel John Hunt, nach der Besteigung des Everest an die Schweizer die Nachricht gesandt hat: „Euch gebührt die Hälfte des Ruhmes."

Nach der Rückkehr aus Nepal kehrt Norman in die USA zurück, aber der Himalaya hält ihn in seinem Bann: „Der Everest hat mein ganzes Denken umgestellt. Ich weiß es nicht, aber irgendetwas ist dort oben mit mir geschehen. Was früher furchtbar wichtig schien – jetzt ist es das einfach nicht mehr." Drei Tage nach seiner Rückkehr kündigt er die sichere Universitätslaufbahn.

Er verfolgt den Traum einer amerikanischen Everest-Expedition und macht sich in kurzer Zeit einen Namen als brillanter Organisator und umsichtiger, kompetenter und taktvoller Expeditionsleiter.

Chris Bonington, der große britische Alpinist und Expeditionsleiter, schreibt über Norman Dyhrenfurth: „Er besitzt ein strahlendes Lächeln und das Aussehen eines Filmstars, der sich auf beinharte und gleichzeitig romantische Abenteuerrollen spezialisiert. Ein Mann von außergewöhnlicher Warmherzigkeit und Aufrichtigkeit."

Normans Film über die Schweizer Herbst-Expedition zum Everest 1952 wird international ausgezeichnet.

Drei Jahre später (1955) leitet er eine Internationale Expedition zum Lhotse (8516 m): 31 Gipfel zwischen 5500 und 7000

Metern werden dabei bestiegen, die meisten davon sind Erstbegehungen. Am Lhotse kommt man auf die Höhe von 8100
Metern, erreicht aber den Gipfel nicht.

Bei dieser Expedition entsteht die erste und lange Zeit beste
Karte der nepalesischen Seite des Everestgebietes, erstellt vom
Tiroler Kartographen Erwin Schneider.

1958 ist Dyhrenfurth stellvertretender Leiter der „Slick-John-
son Nepal Snowman Expedition", die sich die Suche nach dem
legendären Yeti zum Ziel gesetzt hat. Er zeichnet auch für die
Regie des dabei entstandenen Films „Search of the Yeti" ver-
antwortlich.

Zwischenzeitlich arbeitet er immer wieder für die Filmfir-
ma Convair Astronautic. Ihm untersteht dabei eine gesamte
Filmabteilung mit zwanzig Regisseuren und Kameraleuten,
er ist Gastgeber einer wöchentlichen TV-Show mit dem Titel
„Expeditions" und hält Vorträge über seine Himalaya-Unter-
nehmungen.

1960 nimmt Norman als Filmregisseur an der erfolgreichen
Schweizer Expedition zum Dhaulagiri teil, bei der erstmals ein
Flugzeug zur Unterstützung der Transporte eingesetzt wird.
Insgesamt gelingt es acht Expeditionsteilnehmern, den Gipfel zu erreichen, unter ihnen der Salzburger Kurt Diemberger,
dem damit nach der Besteigung des Broad Peak (1957) die zweite Erstbesteigung eines Achttausenders gelingt.

Mit dem Film „Piloten und Pioniere" setzt Norman Dyhren-
furth dem Flugzeug (eine Pilatus Porter) – das leider nach einer
Bruchlandung noch heute am Berg liegt – und den waghalsigen
Piloten ein Denkmal.

Danach beginnt er mit der Vorbereitung seiner Amerikanischen Everest-Expedition. Es ist ein riesiges Unternehmen, an
dem nicht nur Bergsteiger, sondern auch Wissenschaftler aus
sechs Forschungsgebieten teilnehmen: Glaziologen, Geologen,

Meteorologen, Physiologen, Soziologen, sogar ein Psychologe ist Teil des Teams. Die amerikanische Raumfahrtbehörde NASA unterstützt das Projekt wie auch die National Geographic Society.

Die Expedition ist erfolgreich und setzt einen Meilenstein in der Geschichte des Höhenbergsteigens: Erstmals gelingt die Überschreitung eines Achttausenders.

Am 1. Mai 1963 erreicht Jim Whittaker zusammen mit dem Sherpa Nawang Gombu als erster Amerikaner den Gipfel auf der klassischen Route über den Südsattel und den Südostgrat. Am 22. Mai versuchen Tom Hornbein und Willi Unsoeld eine neue Route. Über den Westgrat steigen sie in die Nordflanke des Berges. Die schmale steile Rinne, die dort zum Gipfel führt, wird bis heute nach ihrem Erstbesteiger „Hornbein-Couloir" genannt. Hornbein und Unsoeld wollen sich am Gipfel mit Barry Bishop und Lute Jerstad treffen, die den Gipfel über den „Normalweg" angehen.

Das Treffen gelingt nicht, da Bishop und Jerstad bereits absteigen, als um 18:30 Uhr Hornbein und Unsoeld endlich den Gipfel erreichen. Lute Jerstad bringt die ersten Filmaufnahmen vom Gipfel des Everest mit. Norman Dyhrenfurth selbst filmt bis auf eine Höhe von 8650 Metern.

Zurück in den Vereinigten Staaten, wird Norman Dyhrenfurth und seiner Mannschaft ein triumphaler Empfang bereitet. Am 8. Juli 1963 empfängt der amerikanische Präsident John F. Kennedy die Expeditionsteilnehmer im Weißen Haus. Norman Dyhrenfurth besteht darauf, dass nicht nur die Amerikaner die begehrte und selten verliehene Hubbard-Medaille der National Geographic Society erhalten, sondern auch die Sherpas.

Im Rückblick auf die Ereignisse von damals schreibt Norman später: „Als Höhepunkt meines Bergsteigerlebens betrachte ich den 1. Mai 1963, als Ang Dawa und ich am Mount Everest bis auf 8650 Meter vordrangen. Hätten wir die letzten 150 Höhenmeter auch noch bewältigen können? Der Preis schien mir zu hoch: Am Gipfel wäre uns der Sauerstoff ausgegangen, und der Tod – durch Atemnot und Erschöpfung – wäre nur eine Frage der Zeit gewesen. Und dennoch kommt mir nach all diesen Jahren das Schiller-Wort nicht aus dem Sinn: Was man von der Minute ausgeschlagen, gibt keine Ewigkeit zurück."

Für den vielfach ausgezeichneten Film „Americans on Everest" kann Dyhrenfurth einen der künstlerisch einflussreichsten Regisseure Hollywoods als Sprecher gewinnen: Orson Welles.

Während seiner Vortragstournee, die Norman rund um die Welt führt, legt er einen Zwischenstopp in der Schweiz ein und lernt dort 1964 beim Skifahren auf der Kleinen Scheidegg seine aus Salzburg stammende Lebensgefährtin Maria („Moidi") Sernetz kennen: eine offene, begeisterungsfähige Skirennläuferin und oftmalige österreichische Golfmeisterin, mit der er ab 1970 in Salzburg lebt.

Von Salzburg aus organisiert er seine letzte große internationale Expedition zum Everest. Ziel ist die erste Durchsteigung der schwierigen Everest-Südwestwand. 22 Bergsteiger aus 13 Nationen und ein achtköpfiges Fernsehteam der BBC nehmen daran teil. Die Expedition steht unter keinem guten Stern.

Der Inder Harsh Bahaguna stirbt auf 6800 Metern an Erschöpfung. Zwischen den Teilnehmern entstehen Spannungen, einige erkranken, auch Norman Dyhrenfurth trifft es, und er muss vorzeitig zurück und ausgeflogen werden. Der Brite Don Whillans und der Schotte Dougal Haston erreichen dennoch mit 8350 Metern den bis dato höchsten Punkt in dieser Wand.

Die Filme, die Norman von seinen Himalaya-Expeditionen nach Hause bringt, erzählen aber nicht nur von den Abenteu-

ern am Berg, den Trium-
phen und tragischen Mo-
menten, sondern auch vom
Leben und der Kultur der
Sherpas. Norman erkennt
bald, dass ohne sie jeder
Besteigungsversuch eines
Achttausenders chancen-
los sein würde.

Die Begegnung mit den
Sherpas, diesen offenen,
fröhlichen und hilfsberei-
ten Menschen, die vielfach
seine Freunde werden, und ihrer buddhistischen Lebensein-
stellung berührt Norman tief. Diese Erfahrungen werden ihn
sein gesamtes weiteres Leben begleiten.

Spirituell fühlt sich Norman Dyhrenfurth zum Buddhismus
hingezogen und den Dalai Lama, dem er später begegnen wird,
beschreibt er als einen der bedeutsamsten Menschen für sein
Leben.

Zwischen 1967 und 1977 leitet Norman Dyhrenfurth Wander-,
Trekking- und Bergsteigergruppen, die ihn immer wieder an
den Fuß des Mount Everest bringen, aber auch nach Ladakh,
Kaschmir, Peru und Bolivien führen.

Ab 1968 erinnert man sich in Hollywood an Dyhrenfurths
Erfahrungen als Bergfilmer und an sein exzellentes Können
als Kameramann und Fotograf. Steve McQueen verpflichtet ihn für einen Actionfilm „Man on a Nylon String", der in
der Eiger-Nordwand spielen soll. Das Projekt wird aber nicht
realisiert. 1974 arbeitet Dyhrenfurth als technischer Berater
mit dem Schauspieler und Regisseur Clint Eastwood an dem

Spielfilm „The Eiger Sanction" (auf Deutsch „Im Auftrag des Drachen"), wobei viele dramatische Szenen in der Eiger-Nordwand gedreht werden. Den großen Erfolg dieses Films erleben Normans Eltern nicht mehr.

Hettie Dyhrenfurth stirbt 1972 im Alter von 82 Jahren in Kalifornien, wo sie in der Familie ihres ältesten Sohnes Harald, eines Schauspielers, lebte. Seit ihrer Emigration 1936/37 ist sie nie wieder nach Europa gekommen. Im April 1975 stirbt Günter Oscar Dyhrenfurth im Berner Oberland in der Schweiz.

Mit dem aus Wien stammenden Hollywood-Regisseur und Oscar-Preisträger Fred Zinnemann verbindet Norman Dyhrenfurth eine lebenslange Freundschaft. Oft treffen sich die beiden mit ihren Partnerinnen in den Dolomiten in Südtirol. 1981 dreht er mit Zinnemann dessen letzten Film „Five Days One Summer (auf Deutsch „Am Rande des Abgrunds"), mit Sean Connery in der Hauptrolle. Dyhrenfurth ist dabei als technischer Berater und Regisseur des zweiten Aufnahmeteams tätig.

Im gleichen Jahr entsteht auch sein Film „Tibetische Totenfeier", der beim Bergfilmfestival in Trient und beim Festival in Les Diablerets mit dem ersten Preis ausgezeichnet wird.

Bei der von Karl Maria Herrligkoffer geleiteten Deutschen Karakorum-Expedition 1986 zum K2 und Broad Peak dreht er den Dokumentarfilm für das Westdeutsche Fernsehen. Fünf Teilnehmer erreichen damals den Gipfel des Broad Peak und vieren gelingt der K2, zwei davon auf der gefährlichen „Direttissima-Route" durch die Südwand.

Anerkennung findet Dyhrenfurth, der weit über hundert Filme gedreht hat, auch als Autor von Beiträgen in mehreren Büchern („Americans on Everest"; „Die Welt der Gebirge"; „Bergsteigen heute", „Nanga Parbat"). Das vorliegende Buch beruht auf einer unveröffentlichten Textsammlung, die den gleichen Titel trägt.

1992, Norman ist mittlerweile 74 Jahre alt, entstehen seine letzten Filme. „Children in Exile" ist die berührende Dokumentation über ein tibetisches Kinderdorf in Dharamsala, dem Sitz der tibetischen Exilregierung in Nordindien. Es wird von der Schwester des Dalai Lama betreut, die auch die Schlussworte zum Film spricht.

Ausgehend von einem Gespräch mit dem Dalai Lama zeigt Dyhrenfurth in „Samsara – ein tibetisches Erbe" den Alltag in den bedeutendsten Klöstern im Everestgebiet und gibt mit großartigen Szenen vom Mani-Rimdu-Fest und anderen Bräuchen Einblicke in das vom buddhistischen Glauben geprägte Leben der Sherpas. Der Film entsteht in Zusammenarbeit mit der Schweizerin Marlies Kornfeld und dem Salzburger Kameramann Herbert Raditschnig und wird beim Bergfilmfestival in Trient mit dem Sonderpreis der Jury ausgezeichnet. Norman Dyhrenfurth, der sich zum Buddhismus hingezogen fühlt, begegnet dem Dalai Lama noch einmal, als dieser 2012 Salzburg besucht.

Am 24. September 2017 stirbt Norman Dyhrenfurth in Salzburg.

Er war mir Mentor, Freund und treuer Unterstützer des Bergfilmfestivals in Salzburg, das ich von 1994 bis 2016 leitete. Seine Würde und Bescheidenheit, seine Geradheit, Unbestechlichkeit und Loyalität, sein unglaubliches Gedächtnis und seine herzliche Verbundenheit werden mir in dankbarer Erinnerung bleiben.

Mehr zur faszinierenden Geschichte der Familie Dyhrenfurth
und der Achttausender-Erschließung:

328 Seiten, 215 Abb.,
EUR 34.90/CHF 39.80
ISBN 978-3-909111-27-5

272 Seiten, 325 Abb.,
EUR 39,95
ISBN 978-3-7022-3294-8